全国干部学习培训教材
QUANGUO GANBU XUEXI PEIXUN JIAOCAI

领导力与领导艺术

全国干部培训教材编审指导委员会组织编写

人民出版社
党建读物出版社

序　言

　　面对复杂严峻的国际形势，面对艰巨繁重的改革发展稳定任务，想一帆风顺推进我们的事业是不可能的。可以预见，前进道路上，来自各方面的困难、风险、挑战肯定会不断出现，关键看我们有没有克服它们、战胜它们、驾驭它们的本领。全党同志特别是各级领导干部要有本领不够的危机感，以时不我待的精神，一刻不停增强本领。只有全党本领不断增强了，"两个一百年"奋斗目标才能实现，中华民族伟大复兴的中国梦才能梦想成真。

好学才能上进，好学才有本领。中国共产党人依靠学习走到今天，也必然要依靠学习走向未来。各级领导干部要勤于学、敏于思，坚持博学之、审问之、慎思之、明辨之、笃行之，以学益智，以学修身，以学增才。要努力学习各方面知识，努力在实践中增加才干，加快知识更新，优化知识结构，拓宽眼界和视野，着力避免陷入少知而迷、不知而盲、无知而乱的困境，着力克服本领不足、本领恐慌、本领落后的问题。

各地区各部门各单位要认真组织干部学好用好这批教材，帮助广大干部深入学习领会党的十八大和十八届三中、四中全会精神，深入学习贯彻党中央的战略部署和工作要求，不断增强中国特色社会主义道路自信、理论自信、制度自信，不断提高知识化、专业化水平，不断提高履职尽责的素质和能力。

2015 年 1 月 18 日

CONTENTS

目　录

第 一 章

现代治理需要领导力

习近平在中央党校 2013 年春季学期开学典礼上强调："很多同志有做好工作的真诚愿望，也有干劲，但缺乏新形势下做好工作的本领，面对新情况新问题，由于不懂规律、不懂门道、缺乏知识、缺乏本领，还是习惯于用老思路老套路来应对，蛮干盲干，结果是虽然做了工作，有时做得还很辛苦，但不是不对路子，就是事与愿违，甚至搞出一些南辕北辙的事情来。这就叫新办法不会用，老办法不管用，硬办法不敢用，软办法不顶用。我看这种状态，在党内相当一个范围、相当一个时期都是存在的。因此，全党同志特别是各级领导干部，都要有本领不够的危机感，都要努力增强本领，都要一刻不停地增强本领。"对各级领导干部来说，增强本领的重点就是增强领导力。只有领导干部的领导力增强了，领导艺术提高了，推进国家治理体系和治理能力现代化的奋斗目标才能实现，中华民族伟大复兴的中国梦才能成真。

第一节 领导力的构成与特点

现代治理是一个系统，包含治理体系、治理制度、治理能力和核心价值观等多个要素。治理体系是由治理制度构成的，治理制度的执行需要执政骨干的治理能力，治理能力需要以社会主义核心价值观作为引领的方向。我国现代治理必须坚持党的领导、人民当家作主和依法治国的有机统一。正如治理是有层次有体系的，领导力也是有层次有体系的。党的领导总揽全局，协调各方，重在管好方向、定好政策、抓好大事、用好干部。党的领导是现代治理的根本保证，但也不能代替政府、社会、企业等方面的具体工作。

✧ 一、从领导能力到领导力提升

一般说来，领导能力与领导力几乎是同义语，二者没有根本区别，可以在日常生活中通用。但随着时代的发展，领导干部越来越关注领导力的提升。因此，从严格意义上说，领导能力与领导力之间既有联系又有区别。领导能力是领导干部履行领导职责所需要的一般技能和素质，包括战略思维能力、决策用人能力、沟通协调能力和思想政治工作能力等。领导力是领导者对追随者施加并为追随者自觉接受的正向的、积极的影响力和凝聚力。领导能力是个静态的、相对狭义的概念，而领导力则是一个动态的、内涵更广的概念，它包含领导能力但又不局限于领导能力。

第一，领导能力强调大小强弱，本身并没有明显的方向性。而领导力是一种矢量，它是一种正向的、积极的影响力，它既有大小又有方向，还强调着力点和受力的对象。同一个领导干部的领导能力作用在不同对象身上，其领导力是明显不同的。

第二，领导能力强调领导干部本身的技能和素质，其大小与干部群众的接受程度没有多大关系。而领导力突出领导与干部群众之间的双向互动和相互作用，领导力的大小不仅取决于领导干部的作用，而且取决于干部群众的反作用，取决于干部群众认同和接受领导的程度。

第三，领导能力具有相对稳定性，领导干部一旦拥有某种领导能力，一般来说在相当长的时间段内变化不大。而领导力则与领导情境密切相关，它强调领导力大小的动态性，是因干部群众的不同和所处领导情境的不同而随时变化的。有的领导干部在平常时候领导力可能很强，但在危急关头领导力则可能变弱。

第四，领导能力与领导职位相关，常常与领导干部的职位权力画等号，因此领导能力的内涵相对单一。而领导力是职位权力和非职位权力的叠加，职位权力即硬权力是领导力的基础，非职位权力

知识链接

硬权力和软权力

权力的本质是影响力。其主要来源有二：一种是强制性的影响力，即依靠职位权力和强制性权力的影响力，一般称为硬权力，与职位和强制相对应，通常通过上级的命令发生作用，所以一般没有讨价还价的余地，且不容怀疑，必须执行。另一种是非强制性的影响力，即依靠非职位权力和非强制性权力的影响力，一般称为软权力。它与职位无关，与领导者个人的能力、魅力和魄力密切相关，具有非强制性，能影响他人自觉自愿地按领导的意图去行动。

即软权力对领导力有放大和提升作用。领导力既与领导权力和领导能力相关，又与领导魅力和领导魄力相连。

第五，领导能力一般特指领导干部具有的领导才干和素质。而领导力不仅属于领导者，普通干部群众也不同程度地拥有领导力。领导力强调的是对他人的影响力和凝聚力，是每个人都可以拥有的。此外，领导力是可以学习的，它是在实践中人们能感受到的有形和无形的影响力。领导力的随处可见正在给我们的社会注入活力，带来进步。

◇ 二、现代治理需要领导力

现代治理不同于管理，现代治理要少一点管理，多一点领导。管理重在管事，重在控制，追求秩序和效率。领导重在以人为本，重在激励，激发和凝聚力量。在很大程度上可以说，现代治理能力离不开领导干部的领导能力，更离不开领导干部领导力的修炼和提升。

尧舜时期，黄河流域洪水经常泛滥，危及百姓生活和生命安全。为此，尧命鲧来负责治水，鲧认为洪水之所以危害百姓是因为没有把它"管"起来，所以，他管水的理念就是"堵"，水来土掩，造堤筑坝，试图把洪水围住、管住，结果是洪水冲塌了堤坝。鲧治水九年都没有成功，最后被放逐羽山而死。后来，舜又根据百姓的意见命禹继续完成这个重大任务，禹接受鲧管水失败的教训，改"管水"为"治水"，变"硬堵"为"疏导"，顺应水向低处流的自然之"理"，因地形之利把壅塞的川流疏通，把洪水引入疏通的河道，最终流向大海，从而平息了水患，终于治水成功。

二者一成一败的原因在于，鲧用管控的办法，禹用治理的方法。其实，不论是自然力量还是社会情绪，如果在相对封闭的空间里不断积聚，得不到释放，最终的结果必然是爆发，引起危机，带来危害。面对不断积累的新老问题，唯有治理的方法和艺术方能从根本上解决问题。现代治理有两个特点：一是顺势顺理，顺应自然和社会发展之规律，顺应事物发展的道理和情理；二是引导疏导，引导思想和方向，疏导情绪和心理。实际上，多理善导的领导力与现代治理是完全相通的。

领导力要顺应治理之"理"。领导力之"理"是道理之理、法理之理，要讲清楚为什么要做这件事的道理，讲清楚做这件事的利弊得失；领导力之"理"是条理之理，分清轻重缓急，排好优先顺序，比如，改革就要有时间表和路线图；领导力之"理"是伦理之理，治理和领导力要追求社会的公平和正义；领导力之"理"是情理之理和心理之理，要关注干部群众的情绪心理，才能赢得他们的认同。

领导力要又领又导，会领善导。"领"是带领率领，领方向，领队伍。"导"是善于引导，重在事前定目标和方向，激发组织成员的斗志；是善于辅导，重在事中进行业务工作的辅导；是善于督导，即事后的检查监督，跟进反馈，以提高领导工作的绩效；是善于教导，重在提升组织成员的能力和素质，重在人才的培养。多理善导就要把理论和实际结合起来，在理清工作头绪的基础上用柔隐的方式去引导组织成员满怀激情地投入到各项工作中。

✦ 三、领导力的构成与特点

简单来说，领导力要发挥带领和引导两个作用。往哪儿带领需要决策力，如何引导需要影响力，这是领导力的两个要素，用公式表示：领导力＝决策力 × 影响力。因此，领导力的基本构成就是决策力和影响力。带领求方向，是决策力；引导聚力量，是影响力。领导力是决策力和影响力的综合，二者缺一不可。

领导重在决策，决策重在选择，在限制中选择。进一步而言，选择重在创新思维，重在打开思维的空间，打开选择的空间。领导决策之前要充分发扬民主，深入基层实际进行调查研究，多听听专家、下属和群众的意见。同时，领导决策又要善于抓住机遇，当机立断。领导决策需要信息和知识，更需要胆识、智慧和勇气，关键时刻需要责任意识和担当精神，需要魄力和决断力。领导决策的难点和重点在于决断。此外，领导干部还要善于根据自身职责主动站在全局的立场为上级出谋划策。

领导决策要求领导干部必须善于战略思维、法治思维、创新思维、系统思维、历史思维、辩证思维和底线思维，要坚持问题导向，一切从实际出发，在决策前多调查研究，善于协商民主，坚持民主决策、科学决策和依法决策相结合，坚持决策的顶层设计和基层探索相结合。

领导影响力重在激励与凝聚两个环节，前者重在动力，后者重在合力。领导的激励和凝聚需要处理好授权和用权的关系，一方面要简政放权，把政府的一些权力放给市场，放给社会和基层，放给个人；另一方面又要用好权力，既要用好硬权力，又要善用软权力，激励凝聚需要沟通认同，需要协商民主，这都需要领导干部的软权力。硬权力是领导力的基础，要严用硬权力，慎用硬权力；领导干部还要下大功夫修炼提升自己的软权力。如果说决策力需要领导干部的魄力，那么影响力则需要领导干部的魅力。

领导力强调硬权力和软权力的结合，用公式表示：领导力＝

硬权力 × 软权力。传统的领导能力几乎等同于职权即硬权力，而现代治理语境中的领导力更多地依赖软权力。硬权力是外在的、法定的、有限的、强制性的，带来的只能是下级对上级的服从，它是一个"常量"，不管你的能力大小，只要居于同一职位就几乎具有相同的硬权力。软权力是内在的、个人的、无限的，它是一个"变量"，带来的是干部群众对上级领导发自内心的认同，强调的是主动性和自觉性。软权力来源于领导干部的品德高尚、作风过硬、能力超群、经验丰富和绩效超优等与个人相关的多种因素。

第二节　领导力的修炼与提升

"打铁还需自身硬。"全面深化改革开放，推进国家治理现代化对领导干部的领导力提出了更高的要求。领导力的修炼既是领导干部治理能力提升的过程，又是领导干部成长成才的过程，因此，在这里我们把领导力的修炼和领导干部的成长成才结合起来进行论述。

✧ 一、领导力的三德修炼

习近平在 2013 年全国组织工作会议上提出了好干部的五个标准：信念坚定、为民服务、勤政务实、敢于担当和清正廉洁。因此，领导干部应当重点在这五个方面提升自身素质和领导力。

领导特质理论关注领导者是什么样的人，重点研究"怎样是好干部"，领导干部与普通群众和专业技术人才之间究竟存在哪些区别。用习近平的话来说，领导干部就要在平常时候看得出来，关键时刻站得出来，危急关头豁得出来。

　　孔子认为，君子应"仁者不忧，智者不惑，勇者不惧"。换言之，领导干部要修炼三德，即仁德、智德和勇德。这里的仁德强调领导干部的作风，是广义的情商；智德强调领导干部的能力，是广义的智商；勇德强调领导干部的责任意识和担当精神，是广义的胆商。习近平强调，领导干部要增强进取意识、机遇意识和责任意识。进取意识是提高情商和仁德修炼的重点；机遇意识是提高智商和智德修炼的重点；责任意识是提高胆商和勇德修炼的重点。

　　一是领导干部的仁德修炼。仁者爱人，领导干部心中要有大爱，爱国家、爱人民，领导干部要有"绿我涓滴，会它千顷澄碧"的大仁大爱信念和全心全意为民服务的宗旨情怀。领导仁德的重点是信念坚定，是为民服务，是清正廉洁，是作风优良。信念坚定是领导干部精神之"钙"，没有理想信念，理想信念不坚定，精神上就会"缺钙"，就会得"软骨病"，就会动摇前进的方向，就会动摇要走的道路，全心全意为人民服务的宗旨是仁德修炼的根本目的。

　　仁德是广义情商的概念，主要包括两个方面的内容：一是仁者不忧，二是仁者爱人。所谓仁者不忧，强调的是领导干部通常富有自信，能始终保持积极向上的阳光心态和奋发有为的进取精神，重在自我管理和自我激励。所谓仁者爱人，强调的是领导干部要关心他人，不仅关心部门和单位的发展，而且关心社会和国家的进步，重在了解他人和影响他人。广义情商主要是领导干部在情绪、作风、道德和意志等方面的品质，主要体现在领导干部既能够自我管理和自我激励，又善于把握他人情绪和影响他人，处理好自己和他人关系的综合能力。毫无疑问，领导干部只有具备高情商，才能管得住自己，管得住身边人，才能够坚定理想信念，大仁大爱，服务好并带领好群众。因此，二者在本质上是一致的。

2013年5月，习近平在天津与高校毕业生和大学生村官交谈时指出，做实际工作情商很重要，更多需要的是做群众工作和解决问题能力，也就是适应社会的能力。习近平这番话虽然是针对大学生村官讲的，但对领导干部同样具有指导意义。领导力的本质是感召力，是影响力。因此，领导干部更需要积极进取、开拓创新，不用扬鞭自奋蹄，有效地传递正能量，激励广大干部群众奋发有为、积极向上。

二是领导干部的智德修炼。智德修炼的重点是能力建设，是决策水平的提高，是勤政务实，是把中央精神和当地实际相结合，创造性地开展工作。领导干部要有机遇意识，知道什么该做什么不该做，知道什么时候该做什么事，善于取舍，把握机遇。要坚持党性和人民性的统一，坚持原则性和灵活性的统一，既要深刻领会中央和上级的施政理念、方针和政策，理解世界和国家发展的大势，把握住发展的方向和战略，毫不动摇；又要了解本地区、本部门的实际情况，有什么优势和劣势，有什么机遇和挑战，注重从实际出发，因地制宜、因时而变，创造性地开展工作，关键在取得人民群众满意的实效。

三是领导干部的勇德修炼。勇德修炼要求领导干部要有胆有识，敢于担当，不惧怕责任、压力和风险。勇德的重点是担当精神，重在敢于担当，重在责任意识。真正的领导干部就是责任、困难和风险的担当者。敢于担当是大智和大勇，是见识和胆识，是责任和使命。有的人对事情看得清清楚楚、明明白白、透透彻彻，但总是患得患失、关键时刻优柔寡断、犹豫不决、无法决断。领导工作不能怕担风险、更不能怕担责任，领导干部一定要有强烈的担当精神和巨大的政治勇气。

领导干部的担当精神直接关系到改革的成败，有多大的担当才能干多大的事业，尽多大的责任才会有多大的成就。"天下事有难易乎？为之，则难者亦易矣；不为，则易者亦难矣。"敢于担当首先是一种政治信念，领导干部扎扎实实推进党中央全面深化改革的部署既是神圣使命也是重大职责，是否敢于担当不仅是衡量好干部的重要标准，也是评判领导干部是否讲政治的重要标尺。

敢于担当还是一种推动改革的能力，领导干部不仅要敢于担当也要善于担当，既要敢于改革也要善于改革。在推进改革中，既要管宏观，也要统筹好中观、微观。敢于担当要求领导干部坚持原则、认真负责，面对矛盾敢于迎难而上；面对危机敢于挺身而出；面对失误敢于承担责任，善于修正错误；面对歪风邪气敢于斗争，敢于亮剑。

✧ 二、领导干部的成才之道

我们不仅要知道怎样是好干部，更要明白怎样成为好干部。要成为好干部，一靠自身努力，二靠组织培养。领导干部自身努力的重点是加强学习，要重点学习马克思主义基本理论、中国特色社会主义理论体系；还要学习近代史、党史，学习法律、政治、经济、科技和文学等方面的知识，学习领导科学理论和领导方法，掌握领导活动的特点和规律，了解领导干部的成才之道，尽快地从领导活动的必然王国走向自由王国。

早在20世纪60年代，美国学者劳伦斯·J.彼得博士在出版的《彼得原理》一书中就提出了著名的"彼得原理"，即"在实行等级制度的组织中，每个组织成员都会晋升到他所不能胜任的那一级"。同时，他又指出了该原理成立的两个条件：一是组织的等级结构中有足够的职位供其成员晋升，二是组织成员又有充裕的时间去完成这些晋升。当然，这两个条件在现实的组织中都难以满足，但彼得原理的确深刻地指出了现代组织中普遍存在的一个现象，即随着领导职位的晋升，胜任原来领导职位的组织成员并不必然能够胜任更高的领导职位，比如，业务骨干被提拔为基层领导干部后可能难以立即胜任，基层领导干部被提拔为中层领导干部后也常常难以马上胜任，中层晋升高层后更是如此。

之所以出现彼得现象的一个主要原因是因为"路径依赖"和惯性思维。组织中不同层级领导干部的工作内容和工作职责是存在显

◆〉知识链接 〉

路径依赖

路径依赖（Path Dependence）这一概念最初源于经济学，是指一个国家或地区一旦选择了某种发展战略和国家体制，一般来说就很难对既定选择进行根本性的调整，最终导致只能不断强化既定选择。路径依赖与物理学中的惯性类似，后来从在经济学学科的应用逐渐扩展到社会科学的多个领域，主要用来解释人们的选择和习惯。一般来说，人们的选择通常都会受到路径依赖效应的影响，人们过去做出的选择决定了他们现在可能的选择，这主要是因为路径依赖会导致思维惯性使然，使得人们通常认为过去的成功模式也会带来将来的成功。

著差异的，高层重在战略决策，中层重在激励协调，基层重在业务执行。当一位优秀的基层领导干部走上中层领导职位后，他能否在中层领导职位上避免在基层工作时形成的工作方法和惯性思维，取决于他能否及时走出"成功是失败之母"的误区，取决于他能否避免经验主义的错误。

如果一位优秀的基层干部提升到中层领导职位后仍然把业务能力放在首位，每天忙忙碌碌，只注重自己干，没有通过主动学习、自觉学习来及时提升激励协调能力，结果只会导致"一流的基层变成二流的中层"。基层领导干部就应该每天兢兢业业，积极向上，要让上级领导、周围同事和群众看到自己的业绩、作风和能力。但到了中层领导职位，他就不能继续那么忙于业务，因为职位提升了，他要能够沉住气，要把握适度，按规则办事，该表现的时候表现，不该表现的场合不要表现。中层领导要把精力和能力放在激励协调上，协调好组织内外方方面面的关系，充分激发下属的工作热情，而不是事必躬亲。同样，中层如果升到高层就要学会超脱和从容，要学会并擅长"踱方步"，要通过用人和授权留出足够的时间使自己集中主要精力去思考组织发展的战略问题。

需要注意的是，这里基层、中层、高层三个层级的划分是相对而言的。通常来说，从静态的角度看，领导干部处于何种层级是明确的，但如果把领导干部的领导岗位放在更宏观的领导情境中去看，放在更具体的领导事件中去看的话，领导干部处于何种层级就不是那么清晰了。这就要求领导干部在学习和分析时可以把三个层级相对分开，但在实践运用时要根据领导情境的变化、领导事件的不同进行变化，因时因地因事灵活地把握自己的角色定位和行为方式。

ⓘ_**案 例**_

领导人是怎样炼成的

《领导人是怎样炼成的》视频称，以中国国家主席习近平为例，他从中国最基层一级，相当于欧美的社区干起，到县、市到福建、浙江、上海等好几个省（直辖市）的一把手，到国家副主席，再到党的总书记、国家主席，至少经历了 16 次大的工作调整，治理过的地区人口累计超过 1.5 亿，这一过程前后用了 40 多年时间。视频中称，2012 年党的十八大诞生的新一届领导团队，个个都是这样"一步一个台阶迈上来的，7 个中央政治局常委曾任职的地方占到了中国版图的一大半""通过这样的选拔过程，一个党员成为领导人之前，已经自下而上地全方位了解了中国的国情和民情"。

案例来源：《网络首现中国领导人卡通形象　讲述习近平经历》，人民网，http://politics.people.com.cn/n/2013/1017/c1001-23240559.html。

组织培养的重点是加强实践锻炼。习近平强调：对那些看得准、有潜力、有发展前途的年轻干部，要敢于给他们压担子，有计划安排他们去经受锻炼。这种锻炼不是做样子的，而应该是多岗位、长时间的，没有预设晋升路线图的，是要让年轻干部在实践中"大事难事看担当，逆境顺境看襟度"。要形成一种风气，年轻干部都争先恐后到艰苦岗位、到基层去，并以此为荣。[①] 实践锻炼意味着领导干部在每一个岗位上、在每一个事件中都要经受考验，提高才干，磨炼意志，增强担当，赢得干部群众的认同与感情，提升自己的才干、意志和担当。因此，一名优秀领导干部的成长大都经历从基层到中层、从中层到高层这样一个多岗位锻炼的过程。

✧ 三、领导力的应用与提升

领导力的应用与提升的重点是按照习近平关于"怎样把好干部用起来"的要求使领导工作开展得更加有效。把好干部用起来有两个重点，第一个重点是既要为好干部提供合适的岗位又要提供合适的环境，第二个重点是既要激励干部又要约束干部。

一是提供合适的岗位和环境。"骏马行千里，犁田不如牛；坚车能负重，渡河不如舟。"领导用人就要用长避短，发挥好干部的长处和优势，用人所长越用越长，用人之短越用越短。用人所长一要提供合适的岗位，合适的岗位就是能够发挥好干部的长处和优势的岗位，就是适合好干部能力和性格特点的岗位，一个人只有在合适的岗位上才能发挥积极有效的作用。二要及时提供合适的环境，用人所长仅仅是提供岗位还不够，还要根据干部的自身特点和工作情况提供平台和舞台，提供环境和条件。三要帮助干部成长。如果干部工作积极性高但能力不够，就要提供辅导和指导；如果干部工作能力强但积极性不高，就要提供激励和上升空间；如果干部工作积极性高工作能力也很强，就要给其压担子，给予更多的授权。提供支持的过

---

① 《十八大以来重要文献选编》（上），中央文献出版社 2014 年版，第 348 页。

程实际上就是领导力发挥作用的过程，也是干部进步和成长的过程。

二是激励干部和约束干部。用干部就要激励干部，给他信任，给他责任，给他加压，给他指导和帮助。所谓激励就是给他"鲜花"给他"梦"，给他梦是"激"，激发他的动机和热情，让他有梦想、有追求、有方向；给他鲜花是"励"，是荣誉的奖励和精神的鼓励。"励"要及时，越及时效果越明显，正确的行为才能得到强化。用干部还要严格约束干部。约束干部包括软约束和硬约束两种形式。所谓软约束主要指理想信念、价值观、共同愿景、文化氛围等；所谓硬约束主要指纪律、制度、规范等。约束重在监督。从严治党，关键是从严治吏；从严治吏，关键是强化监督。

把好干部用起来的核心是精心培养干部。政治路线确定之后，干部就是决定的因素。因此，精心培养干部就是把好干部用起来的关键所在，也是领导活动的根本目的。领导干部如果只把干部当成下属来培养，领导力只能加法式增长；如果把干部当成追随者来培养，领导力则有可能乘法式增长；如果把干部当成领导者来培养，领导力就可能指数式增长。从中国共产党历史发展轨迹看，建党90多年来，我们党之所以能从一个50多人的小党发展到现在拥有8600多万党员的大党，凝聚力和领导力不断扩大，其中，我们党注重基层党组织建设、注重领导干部领导力的培养是一个重要原因。

第三节　领导方法与领导艺术

领导方法和领导艺术是两个既相互区别又相互联系的概念。领导方法体现的是领导活动的一般规律和方式方法，领导艺术强调的是领导方法的具体应用。领导方法中科学化的东西较多，强调领导工作的规律性和程序性；领导艺术中个性化的东西较多，强调领导工作的创造性和特殊性。领导方法创造性地运用就成了领导艺术。领导艺术的应用需要领导力发挥基础作用，需要领导方法的融合变通，需要辩证思维的看家本领，需要领导活动的实践和感悟。

◇ 一、从领导方法到领导艺术

领导方法遵循基本的领导原则和领导方式，领导艺术强调领导方法的灵活运用。因此，可以说领导方法的灵活运用就变成了领导艺术，领导艺术从不同角度彰显和诠释着领导方法的科学性和规律性。

领导方法强调程序性、操作性和规范性，领导艺术强调变通性、灵活性和创造性。领导方法强调领导活动的程序和规范以及领导工作的原则性和统一性。领导艺术则要基于自身的实际情况，既要植根中国的传统文化，植根中国共产党领导革命、建设和改革的伟大实践，又要与所在地区的发展阶段相结合，与当前的领导任务相结合，与具体的领导岗位相结合，与具体的领导事件相结合；既要适合领导自身的能力和优势，又要适合干部群众的意愿和能力。

领导方法彰显领导工作的共性和普遍性，领导艺术凸显个性和特殊性。传统的观念总是认为领导干部都是那些积极表现、勇于发言、善于发号施令、制订计划的人，通常在人群中处于最主导的地位。然而事实未必完全如此，在某些情况下，内向型领导干部要比外向型的更加高效，关键在于被领导的人。外向型的领导方法能提供明确的权力结构和发展方向，但如果这些领导所领导的干部群众同样具有良好的主动性并勇于发言，就有可能产生摩擦，而把这种类型的干部群众与内向型领导组合起来，就可以通往成功。所以，无论是内向型领导还是外向型领导，都可能会成功，关键在于个性化领导艺术的应用，"运用之妙，存乎一心"。

领导方法可以通过学习认知，领导艺术必须来自实践感悟。领导方法具有科学性和规律性的特点决定了领导方法可以通过学习和训练获得。与领导方法相比，领导艺术更强调领导经验的总结，领导实践的感悟。

领导方法强调的是不变，领导艺术追求的是权变。领导科学最初试图寻找最佳的领导方法，结果徒劳无功。一种领导方法是否有效取决于组织文化背景，取决于具体的领导任务，取决于干部群众的积极性程度和能力大小，这种领导方法的权变就成了领导艺术。需要指出的是，领导方法与领导艺术的区分只是相对的。

◇ 二、领导思维与领导艺术

领导艺术的实质是一切从实际出发，根据变化了的情况和具体条件运用相应的领导方式和领导方法。领导艺术需要战略思维、法治思维、创新思维、系统思维、历史思维、辩证思维和底线思维，但主要与辩证思维相关。领导艺术与领导思维是互为表里的，领导思维强调领导工作要一切从实际出发，把握法治思维和创新思维的统一、普遍性和特殊性的统一、两点论和重点论的统一以及原则性和灵活性的统一。

一是法治思维和创新思维的统一。运用领导艺术要求领导干部具备创新思维，根据实际情况发挥主动性和创造性，从而提高领导

◆〉知识链接〉

柔隐领导

"柔隐领导"最早见于中国言实出版社 2004 年出版的《领导大趋势》一书，这一概念是相对于传统刚性的和外显的领导范式提出的一种新的领导范式。这种领导范式通常是以追随者为中心，领导者主要通过榜样示范、价值引领、法治引领、营造情境、提供服务等领导方法和艺术对追随者施加间接和无形的影响力，使得追随者不知不觉接受了领导者的领导。

工作的绩效。但这种创造性的发挥是有底线、有边界的，这就是法治思维。换言之，创新思维必须以法治思维为引领，必须在法治框架下进行。创新思维必须于法有据，先立后破，"立"强调法治思维，"破"重在创新思维，创新思维必须以法治思维为前提，创新思维必须与法治思维相统一。

二是普遍性和特殊性的统一。不管是党的领导还是政府领导，也不管是社会领导还是企业领导都遵循共同的领导力规律，体现共同的领导力特点，但它们各自又有明显的特殊性。党的领导总揽全局，从大政方针到选人用人，党政军民学，党是领导一切的；政府领导更强调依法行政，社会领导突出领导力的柔隐性，企业领导更凸显创新性。领导力的特殊性还体现在不同层级、不同阶段、不同人物、不同环境和不同对象等方面。

三是两点论和重点论的统一。两点论意味着分析问题要把握矛盾的主要方面和次要方面，要全面，要统筹兼顾。重点论意味着分析问题要善于抓住矛盾的主要方面，抓住重点，抓住牛鼻子，务必分清大小难易，明确轻重缓急，摸清内在规律，抓住着力点，找准突破口。两点论和重点论是辩证统一的，两点是有重点的两点，重点是两点中的重点，离开两点谈重点或离开重点谈两点都是错误的。因此，也要看到矛盾的主要方面和次要方面是可以相互转化的。

四是原则性和灵活性的统一。领导艺术精彩纷呈，但万变不离其宗，不能偏离党的宗旨，不能脱离党的领导，不能离开中国特色社会主义道路。正如习近平所强调的那样，既不能以灵活性损害原则性，又不能以原则性束缚灵活性。领导艺术要因人而异、因事而异，领导艺术永远没有唯一答案。由于不同地区所处的发展阶段不同，不同岗位所面对的具体任务不同，这就要求领导干部在把握原则性的基础上，根据本地实际情况灵活应对，变通处理，根据领导规律、领导环境、领导任务、领导对象、领导经验和领导智慧等诸多要素来确定有效的、合适的领导方式方法。

◇　三、领导艺术的应用

领导艺术的应用既与领导实践、领导经验和领导干部个性风格相关，又离不开领导力的强大作用。毫无疑问，许多情况下领导经验与领导艺术具有一定的关联，但这种情境下的领导艺术只是浅表层次的，只是领导干部自发、自为的层面。更高层次的领导艺术需要领导理论的指导，需要领导力的应用，需要领导干部通过主动、自觉的学习和实践加以把握和运用，从而实现领导艺术从必然王国向自由王国的飞跃。推动改革的领导艺术就需要各级领导干部把握好改革的方向、进度、力度、角度和程度，把握好顶层设计和摸着石头过河的关系，把握好政治定力和稳中求进的关系，把握好改革智慧和改革勇气的关系。越是深化改革的新时期，越是需要领导艺术。

一是吃透两头的领导艺术。领导干部既要吃透上头，"接上天线"，深刻领会中央和上级的路线、方针和政策；又要吃透下头，"接上地气"，准确了解本地区、本部门的实际情况和群众的意愿，把两头有机地结合起来才能在实践中创造性地开展工作。吃透两头的艺术要求领导干部要注重原则性和灵活性的结合，强调领导力和执行力的统一，重在使党性和人民性统一起来、一致起来。吃透两头的领导艺术离不开理论与实践的结合，离不开领导和群众的结合，离不开实事求是，一切从实际出发，领导干部既要学理论，向上级学；又要学实践，向干部学，向群众学，在学习和实践中吃透两头，形成领导工作的动力和合力。

二是"来去自如"的领导艺术。"从群众中来，到群众中去"是基本的领导方法和工作方法，也是领导力产生和运用的基本规律。所谓"来"，主要是要把群众中分散的智慧、意愿和力量集中起来，领导干部要带头走在前面，要比群众付出更多辛劳、接受更严格约束，要有更高的能力和素质要求。所谓"去"，就是放下架子，主动沟通协商，亲民务实，缩小与群众之间的感情距离和心理距离，从而强化自己的亲和力和影响力。运用"来去自如"的领导艺术要防止出来以后回不去，也要防止回去之后出不来。所谓出来以后回不去是指领导干部的能力和素质高于群众，但不沟通不协商，就可能犯命令主义的错误；而回去之后出不来则容易犯尾巴主义的错误。换个角度来说，出来以后回不去，回不到实践中去可能犯教条主义的错误；回去以后出不来，缺少正确的理论指导则可能犯经验主义的错误。

三是方圆兼顾的领导艺术。所谓"方"是指领导工作的原则性和权威性，领导决策的目的和目标必须坚定不移；所谓"圆"是指领导工作的灵活性和策略性，实现领导决策的具体方法则要灵活和变通。把原则性和灵活性有机地结合起来才成其为真正的领导艺术。所谓方圆兼顾就是要做到"大方小圆，内方外圆，先方后圆，己方他圆"。大方小圆是指大事与中央一致，与上级一致，坚持原则不动摇，不含糊；小事可以适当地灵活变通，在法律许可的范围内体现创造性。内方外圆是指内在的思想信仰要坚定，要讲党性，做人堂堂正正；外在的行为要适应社会，适应环境。先方后圆是指原则性是第一位的，方是根本，圆是第二位的，是不能破坏方的。己方他圆是严于律己，严以用权，严以修身，对自己高标准严要求，对干部群众则要宽容宽松。

四是自觉行动的领导艺术。党章规定："党在自己的工作中实行群众路线，一切为了群众，一切依靠群众，从群众中来，到群众中去，把党的正确主张变为群众的自觉行动。"党的高级领导干部领导艺术的最高境界就是"把党的正确主张变为群众的自觉行动"。中国古代思想家老子把领导分为四个阶段。第一种是"恨之侮之"，第二种是"敬之畏之"，第三种是"亲而誉之"，第四种是"不知有之"。"恨之侮之"指的是统治者使用强迫命令等简单粗暴的方式来实施高压统治，被统治者虽然表面屈从，但背地里却对其恨之入骨。"敬之畏之"的管理是那种依赖行政命令，依靠刚性的规则规范和惩罚的方式来管理，被管理者对管理者心存畏惧，敬而远之。

"亲而誉之"的领导是领导干部注重通过柔性引导和激励凝聚等方式与干部群众之间建立彼此信任的关系，他们感到自己的领导可亲可近，人前人后对其都赞不绝口。老子在《道德经》中说，功成事遂，百姓皆谓"我自然"。这就进入了"不知有之"的领导艺术最佳境界。干部群众没有感觉到你的领导，但已实实在在地接受了你的领导。"不知有之"的领导艺术要求领导干部少一些行政干预，少一些管控命令；多一点法治方式和法治引领，多一些领导服务，多营造合适的领导情境，进而用社会主义核心价值观影响人，用制度影响人。

领导力是领导艺术的理论基础，领导力具有科学性与普遍性；领导艺术则是领导力的实际应用，更强调灵活性与创造性，更需要在中国化和本土化上下功夫。进一步来说，运用和提升领导艺术需要一切从实际出发，需要因地制宜、因时而变、因人而异。运用和提升领导艺术需要汲取优秀传统文化的精华，需要社会主义核心价值观的引领，需要各级领导干部在原则性和灵活性的结合上多下功夫。运用和提升领导艺术还需要领导干部具有战略思维、法治思维、创新思维、系统思维、历史思维、辩证思维和底线思维，既要掌握领导方法，更要实践感悟。

▌本章小结▐ ············

现代治理重在党的领导，重在各方面各层次领导力的提升和领导艺术的运用。领导能力是领导干部履行领导职责所需要的一般技能和素养，它是一个相对静态的概念，与领导对象和领导环境没有直接的关系。而领导力是领导者对追随者施加并为追随者自觉接受的正向的、积极的影响力和凝聚力。领导力具有双向性、共享性、动态性和叠加性的特点。领导力由两大基本要素构成，一是决策力，重在领方向定战略；二是影响力，重在激励和凝聚。从外部特征来看，领导力由硬权力和软权力两部分构成。硬权力是外在的，是常量；软权力是内在的，是变量。领导力的修炼过程就是好干部的成长成才过程。领导力的修炼关注"怎样是好干部，怎样成长为好干部，怎样把好干部用起来"这三个关键问题。一要修炼仁智勇三德，二要自身努力加组织培养，三是要善于授权激励又敢于约束监督，通过营造情境提供服务来影响人。

领导方法的灵活运用就变成了领导艺术，领导艺术的应用需要领导干部具有辩证思维和创新思维，既需要掌握领导方法，更需要实践感悟。领导艺术应用的重点包括吃透两头的领导艺术、"来去自如"的领导艺术、方圆兼顾的领导艺术和自觉行动的领导艺术。

重要术语解释

领导力：是领导者对追随者施加并为追随者自觉接受的正向的、积极的影响力和凝聚力。

领导能力：是领导干部履行领导职责所需要的一般技能和素养，它是一个相对静态的概念，与领导对象和领导环境没有直接的关系。

🖍 思 考 题

1. 领导力的内涵及特点是什么？现代治理对领导力提升提出了哪些新要求？

2. 谈谈领导力三德修炼的体会和感受。

3. 领导方法与领导艺术的区别和联系是什么？怎样运用领导艺术？

第 二 章

领导决策力与领导决断艺术

领导力主要由决策力和影响力构成，决策力是领导力的第一要素。领导决策力重在领方向、建愿景、定战略、选目标、明策略、寻路径。领导决策事关组织发展的方向和全局，事关领导活动的成败得失，决策的方向错了，解决问题的思路错了，结果必然是一错百错。就领导干部自身而言，领导决策力重在领导决断艺术。

第一节　领导决策的基本原则

领导决策注重目的和价值，注重以人为本。领导决策要坚持顶层设计与基层探索的结合，注重民主决策、科学决策和依法决策的统一。领导决策要坚持群众路线，坚持实事求是，一切从实际出发。

◇　一、顶层设计与基层探索的结合

习近平指出："我们要尊重人民首创精神，在深入调查研究的基础上提出全面深化改革的顶层设计和总体规划，尊重实践、尊重创造，鼓励大胆探索、勇于开拓，聚合各项相关改革协调推进的正

能量。"① 因此，领导决策要实现顶层设计与基层探索的有机结合。推进局部的阶段性改革开放要在加强顶层设计的前提下进行，加强顶层设计要在推进局部的阶段性改革开放的基础上来谋划。要加强宏观思考和顶层设计，更加注重改革的系统性、整体性、协同性，同时也要继续鼓励大胆试验、大胆突破，不断把改革开放引向深入。顶层设计和基层探索的有机结合就是原则性和灵活性相结合的过程，既不能以上级决策的原则性束缚下级执行和探索的灵活性，也不能以下级执行和探索的灵活性损害上级决策的原则性。

顶层设计强调发挥中央和上级的权威性和统一性，着眼发展战略和长远目标，基于大局总揽全局，统筹和优化基层探索、发展过程中产生的各种问题，比如贫富分化、环境污染、城乡差异、地区差距，都需要通过顶层设计解决。基层探索是顶层设计的基础和动力，顶层设计要注重与基层探索结合起来，在改革的总体规划和顶层设计中坚持问需于民、问计于民、问政于民，察民情、听民声、解民忧，兼顾不同群体的利益诉求，畅通民意表达渠道，形成改革的最大公约数。同时，顶层设计要给基层探索留有空间，特别是在微观层面的策略、办法方面，就像设计程序也要注意兼容性一样，顶层设计也要注意上级决策和下级情况的兼容性。

基层探索是一个开拓创新的过程。开拓创新就意味着有差异、有失败。因此，领导干部要能够容忍差异，容忍失败，对基层探索既不要过早介入争论，也不宜轻易做出定论，要多鼓励，多尊重，多看看，一争论就把时间浪费掉了，一定论就把许多路堵死了。决策究竟行不行得通，决策效果究竟怎么样，归根结底是看实践，看

---

① 《习近平在广东考察时强调：增强改革的系统性整体性协同性　做到改革不停顿开放不止步》，《人民日报》2012 年 12 月 12 日。

人民群众满不满意、买不买账、支不支持。鼓励和尊重基层探索就是为了争取探索的时间，拓展探索的空间。大胆试，大胆闯，对与错，是与非，在探索中才能见分晓，错了改过来就是。不能因为害怕错误，就缩手缩脚，不敢大胆前进。如果前怕狼后怕虎，就走不了路。

领导决策应该坚持以下三条根本原则。一是超越目标，目的优先。大家都熟悉"愚公移山"的故事，愚公移山的精神至今仍鼓舞我们攻坚克难。愚公移山的目标是把挡在门前的大山移走，目的是找出路求发展。明确了这个目的以后，就应该能移山就移山，不能移山就"移人"。哪里有出路能发展，就把人移到哪里。有时候我们不移山，"移人"也能实现移山的目的。目标是说干什么，目的回答为什么干，目的比目标更重要、更根本。因此，领导决策一定要超越目标，目的优先。只有将目的放在目标之上，领导决策的思路才会更清晰、更开阔、更有远见、更有创造性。

二是超越效率，效果优先。效率的本质是经济收益，是局部收益，是以事为中心的。领导决策更注重整体效果，尤其是社会效果，是以人为本的。直到今天，在一些地方，唯 GDP 导向的效率至上主义仍然大行其道，仍在片面地追求经济发展的高效率。事实告诉我们，有些地方经济发展的效率越高，损失却越大，这主要是因为支撑高效率的是粗放型的经济增长方式，主要依赖于高投入、高能耗。根本而言，效率至上是领导决策最大的失误。领导决策不能仅仅关注效率，而应更加关注生态环境，更加关注公平正义，更加关注百姓幸福。

三是超越成本，价值优先。对领导决策来说，降低成本固然重要，但没有提升价值重要，同样，增加公共服务的价值比降低公共服务的成本更重要。因此，领导决策要千方百计地增加决策的价值，为公众提供他们更需要更优质的服务和环境，要把提升价值放在第一位。增加公共价值有时需要投入更多成本，但最后的结果会更好，相应地成本也就降下来了。所以，只要这件事是值得做的，是应该做的，领导干部应该千方百计地去坚持决策的正确方向和价值导向。

通常情况下，一个完整的决策方案应包括目的、目标、途径和对策等四个要素。其中，目的是回答"为什么"的问题，目标是回答"干什么"的问题，途径是回答"怎么干"的问题，对策则是回答"怎么变"的问题。领导决策应该先根据决策的目的来选择目标，然后根据目标选择途径，最后根据途径选择对策。制定决策时这四个要素的内在逻辑是从大到小，目的决定目标，目标决定途径，途径决定对策；反过来应该是对策保证途径的畅通，途径保证目标的达成，目标保证目的的实现。领导决策时要考虑到决策方案的完整性，四个要素的相互支撑能够提高领导决策的完整性、可行性和有效性。领导决策的目的和目标属于顶层设计的范畴，领导决策的途径和对策则更多属于基层探索的领域。领导决策要特别注意发挥地方和基层的积极性和探索精神。

任何决策都不可能一劳永逸，决策方案要根据客观环境的变化进行修正。修正决策的逻辑与制定决策的逻辑相反，制定决策时先大后小，先战略后战术；而修正决策则是先小后大，先战术后战略。修正决策是从对策开始，即对策→途径→目标→目的。对策保证途径畅通，途径保证目标达成，而目标保证目的实现。对策本身是柔性的，有着很大的灵活性。当决策遇到阻力，首先修正的就应该是对策，或者改变原来的对策，或者制定新的对策，从而使途径畅通和目标达成。修正时要从对策开始，要注重基层探索，允许基层根据自己的实际情况进行调整，灵活应对和处置，但要符合决策目标和目的。如果途径修正之后没有解决问题就要进一步修正目标，同样，目标修正后没有解决问题就要修正目的。修正目标和目的要特别慎重，因为牵扯到顶层设计，必须于法有据。

✧ 二、科学决策和民主决策的结合

领导决策是从群众中来到群众中去的循环往复的过程，领导干部到群众中去调查研究，去总结经验，在此基础上进行决策，然后让决策回到群众中去执行，去检验，如此循环往复，推动问题的解决，推动事业的发展。实际上，领导决策的过程就是发挥领导和群众两个积极性的过程，发挥领导的积极性就要统领全局和顶层设计，就要进行科学决策；发挥群众的积极性就要基层探索，就要进行民主决策。领导决策要实现科学决策和民主决策的结合，重点从以下三个方面着手。

一要遵循"先策后决"的决策程序。决策包括"决"和"策"两个环节，"策"是出谋划策，就是出主意、想办法；"决"是断主意，就是下决心、做决定。领导决策要"先策后决"，先让大家出主意，然后领导干部再来选主意，这是领导决策的基本程序。在决策过程中"有策有决"，决策开始时主要是"策"，就是调查研究，拿出可能的决策方案，然后在"策"的基础上进一步加工整合最终形成决策方案。"策"强调的是一种可能性，相对务虚，所以出主意的时候可以尽可能打开思维的空间，打开选择的空间，重在"放"，一个问题要有多种可能的解决方案；"决"强调的是一种可行性，相对务实，所以选主意的时候就要缩小选择的空间，重在"收"，要把可能的决策方案放在本地区或本部门的实际情势下综合考量当下可不可行。现实中决策制定或执行中之所以出现许多问题，一个重要原因就是没有遵循"先策后决"的决策程序，而是"先决后策"，即领导干部先有方案然后再找专家和群众去进行选择性论证。因此，要坚持和完善先调研后决策的重要决策调研论证制度，为了防止和克服决策中的随意性及其造成的失误，提高决策的科学化水平，必须把调查研究贯穿于决策的全过程，真正成为决策的必经程序。

二要遵循"多策少决"的决策原则。"多策"就是发扬民主，"少决"方能正确集中。"多策"就是让更多的专家和群众参与决策，增加协商的次数，提高协商的质量。任何决策在做出之前都必须充分协商。"少决"就是领导干部要减少决策的次数，同时还要减少做决策的人数，以提高决策效率和决策质量。

三要具备强烈的问题意识。习近平指出："我们中国共产党人干革命、搞建设、抓改革，从来都是为了解决中国的现实问题。"问题意识要求领导干部要善于发现问题、正确分析问题和立足于解决问题。善于发现问题是前提；正确分析问题见功力；解决问题是出发点和立足点，是归宿。要正确分析问题就要坚持具体问题具体分析，不同地区、不同部门有不同的问题和矛盾，同一问题在不同发展阶段也各不相同，通过透过现象看本质的具体分析弄清楚问题的多与少、大与小、轻与重、缓与急、易与难。问题分析、研究得越透彻，决策就越有针对性。

唯物辩证法告诉我们，事物的主要矛盾决定事物的性质和发展方向，只有抓住了主要矛盾和矛盾的主要方面，才能找到解决各种复杂问题的重点，才能牵住牛鼻子，起到纲举目张的作用。既不能把可能影响全局的倾向性问题当作一般问题来对待，也不能把特殊的某个方面问题作为全局性问题来处理。要坚持胸怀大局、把握大势、着眼大事，注重抓事关全局、事关长远发展、事关人民福祉的紧要问题，进而明确有效破解问题的主攻方向，从而做到对症下药，有的放矢，一把钥匙开一把锁。

◇ 三、依法决策和法治引领的结合

习近平强调，凡属重大改革都要于法有据。因此，推动全面深化改革必须坚持法治引领、法治先行。需要修改法律的可以先修改法律，先立后破，有序进行；有的重要改革举措，需要得到法律授权，要按法律程序进行，以立法引领改革，以改革推动立法，以立法引领群众。因此，领导决策要坚持法治引领和依法决策，注重民主决策、科学决策和依法决策的有机统一，把专家咨询和第三方评估列入法定决策程序以保证科学决策，把群众参与和决策协商列为决策的法定程序以确保民主决策，把合法性审查列入法定决策程序以保证依法决策。

依法决策的基本要求是领导决策的整个过程都必须严格地遵循法律规定，确保各种决策以及决策的各个环节都在法律规定的范围内按照法定程序进行。具体来说，一是决策主体要依法。决策前首先明确决策事项是否在自己的法定职权范围之内，要防止超越法定权限的决策行为。二是决策内容要依法。决策方案颁布前要进行合法性审查，未经合法性审查或者经审查不合法的，决策方案不得颁布。三是决策程序要依法。对有关经济社会发展、人民切身利益的重大决策、重大项目，必须严格按照群众参与、专家论证、风险评

估、合法性审查、集体讨论决定的程序进行，坚持协商于决策之前和决策之中，特别是健全委托第三方评估的制度，确保决策前评估和决策后评估的独立客观性。四是决策实施要依法。重大决策实施后，要通过抽样检查、跟踪调查、评估反馈等方式，及时发现并纠正决策存在的问题，减少决策失误造成的损失。五是决策监督要依法。按照"谁决策、谁负责"的原则健全问责制度，对重大决策失误要实行责任追究制度，按法律规定追究责任主体的相关责任。

依法决策旨在发挥法治在决策和国家治理中的引领作用，增强决策的公平性、确定性和可预期性。法治引领强调通过完善方方面面的法律、制度，形成系统完备、科学规范、运行有效的制度体系，使各方面制度更加成熟更加定型，更好地发挥法治思维和法治方式在国家治理中的作用。领导干部要根据法律规则认识问题，依据法律进行决策，切实转变治理方式，树立遇到问题找法的思维方式，养成解决问题用法的工作方式，进而形成办事依法、遇事找法、解决问题用法、化解矛盾靠法的良好法治环境，在法治轨道上做好决策，推动各项工作。

第二节　领导决策力的提升

习近平指出："调查研究是做好领导工作的一项基本功，调查研究能力是领导干部整体素质和能力的一个组成部分。"[1]他还反复强调，领导干部要具备战略思维，要胸怀大局、把握大势、着眼大事。对大局了然于胸，对大势洞幽烛微，对大事铁画银钩，才能因

---

[1] 《习近平：谈谈调查研究》，《学习时报》2011 年 11 月 21 日。

势而谋、应势而动、顺势而为。领导干部只有勤于学习、善于思考、勇于实践，以马克思主义哲学为看家本领，着力培育和养成适应时代发展、符合执政要求的战略思维能力，才能从根本上提升领导决策力。

◇ 一、调查研究是领导决策的基本功

习近平一贯高度重视调查研究，他要求领导干部要"深入实际、深入基层、深入群众，进行各种形式和类型的调查研究""在此基础上做出正确的决策"。[①] 忽视调查研究或调查研究不够，往往导致主观认识脱离客观实际，领导意志脱离群众愿望，从而造成决策失误，使党的事业蒙受损失。主要领导干部要带头做调查研究，带头拿出一定的时间深入基层，亲自主持重大课题的调研。主要领导干部亲自做调查研究，就容易跟大家有着共同的感受和体验，就更容易在领导集体中形成共识，使得决策更科学、更民主。而且，主要领导干部亲自做调查研究能够发挥领导带头的作用，给干部做好调查研究的榜样。

一要掌握科学的方法。调研要运用科学的方法，善于多层次、多方位、多渠道地调查了解情况。具体来说，既要调查机关，又要调查基层；既要调查干部，又要调查群众；既要"下马观花"解剖典型，又要"上马观花"了解全局；既要调查典型经验，又要调查突出问题；既要善于"面对面"，又要学会"键对键"。调查方法也要与时俱进，既要善于使用传统的座谈、深入田间地头等有效方

---

① 《习近平：谈谈调查研究》，《学习时报》2011 年 11 月 21 日。

ⓘ _ **案 例** _

跟习近平学调研：
"身入"基层更要"心到"基层

2014 年 3 月，习近平总书记在河南兰考调研时，深情地回忆起 20 多年前在寿宁县下党乡的调研往事。时任宁德地委副书记的钟雷兴亲身见证了习近平践行坚持群众路线的点点滴滴："他上任时，没有烧新官上任的三把火，而是首先深入调查研究。"习近平到任时，适逢国家经济大环境治理整顿，宁德由于历史原因，还是相对贫穷落后，"但是，习书记没有急于求成，他很稳重，深入调查研究，从实际出发，他的战略目标：闽东撤地建市、通铁路、三都澳开发。"为了让群众过上好日子，习近平着力抓脱贫致富，抓农业综合开发、毛草房改造、连家船上岸，推动造福工程，还创办了赛岐开发区等。钟雷兴评价道，他是"舵手般把握着宁德的发展"。

资料来源：《跟习近平学调研："身入"基层更要"心到"基层》，人民网，http://politics.people.com.cn/n/2014/0514/c99014-25017862.html。

法，又要会用问卷调查、网络调查、统计调查等现代科学方法，提高调研的效率和效果。

二要解决实际问题。衡量调查研究搞得怎样，不是看调查研究的规模多大、时间多长、报告怎样，关键要看能不能把实际问题解决好。领导干部搞调研，要有明确的决策目的，带着决策问题下去，尽力掌握调研活动的主动权，防止调查研究走过场。同时，领导干部进行调查研究，要放下架子、扑下身子，深入田间地头和厂矿车间，同干部群众一起讨论问题，倾听他们的呼声，体察他们的情绪，感受他们的疾苦，总结他们的经验，吸取他们的智慧，把他们的所思所盼真正反映到决策目标中去，把调研成果转化为解决实际问题的有效对策。

三要避免"被调研"现象。搞调研就是要看实情，听真话，办实事。在实际调研中，有的时候领导干部的调研都是被事先安排好的，包括调研时间、路线、地点、对象、内容等调研的全过程，这就是"被调研"现象。因此，领导干部在调研中要掌握主动权，可以有规定路线，但还应有自选动作，看一些没有准备的地方，搞一些不打招呼、不作安排的随机性调研，力求准确、全面、深透地了解情况，避免出现"被调研"现象，防止调查研究走过场。

四要使调研制度化。习近平强调要"坚持和完善先调研后决策的重要决策调研论证制度"。[①] 领导干部没有调研就不能做出决策，要坚持和完善调研贯穿于决策全过程的调研制度。在决策之前和之中通过调研提升决策的科学化和民主化水平，在决策之后通过调研来了解决策的实施效果，并为做好下一步的决策工作奠定基础和前提。

✧ 二、战略思维与战术思维的结合

"不谋全局者不足以谋一域，不谋万世者不足以谋一时。"因此，领导决策要有战略思维，必须胸怀大局，立足大局，思考大局，服

---

① 习近平：《谈谈调查研究》，《学习时报》2011 年 11 月 21 日。

从大局。早在 2010 年 6 月，习近平在同中央党校领导谈到对学员的要求时就强调，我们党需要有一批"踱方步"的人，这实际上就是对领导干部的战略思维能力提出的迫切要求。

战略思维重在关注全局、统筹全局。领导干部要努力增强总揽全局的能力，放眼全局谋一域，把握形势谋大事，始终把全局作为观察和处理问题的出发点和落脚点。领导干部从全局出发看问题、办事情就是要从大看小，把自己的工作、所在的地区或部门放到全国甚至全世界中去研判，从小局跳出来站到大局看问题、看优势，用系统、整体的观点去考虑要素和局部，自觉地站在党和国家的工作以及全面深化改革的大局中来推动工作。只有具有全局思维才能真正理解全面深化改革在各个领域如何统筹推进，精准定位，自觉与中央要求上下对称，既不抢跑又不拖宕。

战略思维重在打开空间，避免"霍布森选择"。英国剑桥有一个专门做贩马生意的商人霍布森，他承诺：凡是买我的马，只要给出最低价就可以在马圈里随意选。同时，他又附加了一个条件：只允许挑选能牵出马圈的马。他的马圈只留一个小门，高大强壮的马匹根本就出不去，出去的都是些小马、瘦马。显然，购买霍布森的马看似有很多选择其实是没有选择，这种情况被人们称为"霍布森选择"。"霍布森选择"的实质就是在一个有限的空间里去选择，实际上是小选择和假选择。

打开决策的空间重在打开思维的空间，打开选择的空间，增加选择的可能性，扩大资源配置的半径。打开空间还要容忍差异，包容差异，甚至鼓励差异。打开选择的空间还要求领导干部要关注外部的资源和条件，关注外部的机遇和挑战。关注外部就要从外看内，从外部的环境看内部的结构，从外部的变化看内部的发展，从与外部的比较中看内部的长短。此外，领导干部还要统筹国内国际两个大局，在决策实施中要充分利用国内和国际有利条件，在决策后要全面考虑国内和国际两方面的影响。

领导决策既要战略思维也要战术思维。战略是管方向和定目标，着眼于根本和长远利益的实现；战术是管方法和定途径，重在实现战略和目标的过程中解决问题，克服困难。战略决定战术的选择，战术影响战略的成败，因此，战略上要有足够定力，战术上要灵活变通，战略的制定要给战术留下机动的空间。但战略和战术在一定条件下又是相互转化的，战术问题可以上升成为战略问题，战略问题也可以转化为战术问题。就领导决策的目的和目标来说，目的是战略，目标是战术；但就领导决策的目标和途径来说，目标成了战略，途径是战术。这里，目的相对于目标是战略，但目标相对于途径来说又是战略。领导干部只有同时具备战略和战术两种思维能力，才能正确处理好当前与长远、局部与全局的关系，也才能更好地运用战略思维从全局高度，以长远眼光观察、思考和处理问题，把实现长远目标和解决现实问题结合起来，把战略上的顶层设计和战术上的基层探索结合起来。

◇ 三、内脑思维与外脑思维的结合

领导决策既要策又要决，策重在逻辑分析，决重在综合判断，策主要靠左脑思维，决需要左脑思维和右脑思维的互补。根据诺贝尔奖获得者、美国脑科学专家斯佩里的实验研究，左脑思维有三大优势：一是语言与逻辑，二是抽象思维，三是定量分析。左脑好的人往往思路清晰、条理性强，比较适合从事科学研究、工程技术等

◆〉知识链接〉·

左脑思维和右脑思维

　　诺贝尔奖获得者、美国脑科学专家斯佩里博士通过著名的裂脑人实验，证实了大脑不对称性的"左右脑分工理论"。一个人左脑思维发达并不意味着他的右脑思维也发达，反之亦然。左半脑主要擅长语言、理解记忆、逻辑分析和推理判断；右半脑主要擅长直觉想象和音乐艺术。简言之，左半脑思维强在抽象思维，右半脑思维强在形象思维。相对而言，右脑思维更有助于创新思维。

领域的工作。右脑思维也有三大优势：一是直觉思维，二是形象思维，三是艺术思维。右脑好的人通常比较敏感，善于想象，比较适合从事文学艺术等领域的工作。

　　领导决策既需要左脑的逻辑和理性思维，也需要右脑的感性和直觉思维，左脑和右脑要互补起来、结合起来。因此，领导决策需要领导干部左脑思维和右脑思维相结合，既需要实事求是坚持一切从实际出发，实事求是离不开左脑思维；又要根据领导环境的变化而灵活应对，灵活应对离不开右脑思维。

　　领导决策所用的左脑加右脑实际上都是指决策者自己的头脑，即内脑。领导决策光有内脑还不够，还要有外脑，要最大程度发挥外脑应该发挥的作用。外脑提供备选方案的最大特点是相对独立性和客观性。为保证外脑作用的有效发挥，决策者在决策前不能事先给外脑定调子、划框框来限制、限定外脑的思路,决策者更不能按照已经定下的决策思路让外脑去定向论证。如果外脑在决策咨询中无法发挥独立性和客观性的特点,决策者的决策思路和决策范围就无法真正打开,更无法创造性决策。

决策者对外脑的角色和自己的作用要有准确的认知,外脑起到辅助决策作用,决策者才是最终的决策制定者,因此,决策者善用外脑时自己要有主见。一方面,决策者可以采纳外脑提供的备选方案,既可以全部采纳也可以部分采纳,既可以从中选一也可以合二为一甚至合多为一,把外脑提供的备选方案中的好东西拿过来。另一方面,决策者也可以不直接采纳备选方案,因为外脑提供的方案可能不适宜马上实施,也可能不适合当地情况,或者一些条件不具备无法实施。决策者才是决策责任的最终承担者,所以既可以采纳外脑的,也可以不采纳外脑的,决策者对备选方案要有判断的智慧和敢于决断的勇气,不能因为怕别人说不尊重专家的意见而动摇自己的判断和主见。

最后,领导决策的多脑思维还要借助电脑和网络信息技术的辅助作用。在大数据时代,有效集成和分析信息资源的能力将极大增强,大数据技术利用数据融合、数学模型、仿真技术等,可以大大推动领导决策的科学化和民主化。

◇ 四、"三圈"决策模型的借鉴

领导决策千头万绪,领导干部要善于抓住关键因素和主要矛盾来决策。美国哈佛大学教授达奇·李奥那多提出的基于价值圈、能力圈和支持圈的"三圈"决策模型(Value, Capacity and

Support，Three Circles Model）能够为领导干部提升决策力，把决策中复杂的因素进行简约梳理，提供了一个可以借鉴的思路。

"三圈"决策模型认为，决策时应主要考虑决策目标能否实现公共价值、决策方案是否可行和利益相关方是否支持这三大要素，如果把价值、能力和支持分别用一个圆圈表示，该决策方案能够实现价值就落到价值圈内，有能力实施就落到能力圈内，能获得相关方的支持就落到支持圈内，这三圈重叠的部分就是可取的决策区域，因为其同时具备价值、能力和支持三大有利因素。具体来说，决策时首先要考虑决策目标的价值，能不能增进人民群众的利益，主要取决于决策者的价值判断；其次必须要考虑实施决策方案的人财物各种资源和条件是否充足，主要是决策者对拥有资源和能力的客观分析；再次要考虑决策方案涉及相关利益方的认识和态度，能不能获得最大支持，主要取决于相关利益方对决策方案的理解、认同和支持；最后是努力寻找和扩大价值、能力和支持三圈重叠区。

整体来说，运用"三圈"决策模型时要突出价值导向，价值圈在三圈中是排在第一位的，一切领导决策都是为了实现公共价值，都是旨在创造公共价值。具体而言要把握以下要点：一是优先选择三圈重叠的决策方案；二是重点推动实现两圈重叠的决策方案；三是果断

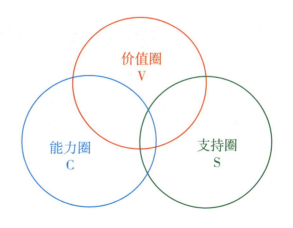

价值圈、能力圈和支持圈的决策模型

放弃只具备一圈的决策方案。实际工作中，第一种情况和第三种情况比较少，第二种情况比较多，因此，这时领导干部要创造条件致力于变两圈重叠为三圈重叠。比如，如果价值圈和能力圈重叠，就要努力推动支持圈与既有两圈的交会，赢得群众和利益相关主体对决策方案的支持就至关重要；如果价值圈和支持圈重叠，就要努力创造条件扩大能力圈；如果能力圈和支持圈重叠，就要重点思考该决策方案究竟是否具有公共价值，是否增进了人民群众的利益。

在实际工作中，这三个圈并不是一成不变，而是始终不断变化的，因此在运用"三圈"决策模型时需要决策者动态把握。首先要分清价值圈内相对稳定的部分和容易发生变化的部分，要点是前者优先，兼顾后者；其次是努力扩大能力圈，千方百计地发现、扩充、开发和利用各种资源，能力圈越大和其他两个圈重叠的可能性就越大，决策方案的选择范围就越大；再次是考虑到相关群体的需求重点和优先次序的变化，注重赢得大家的认同和支持；最后，准确把握三圈的变化，最大限度实现三圈重叠，是领导决策的着力点。

第三节　领导决断艺术

领导决策力的提升重在运用决断艺术。领导决策有两个基本环节：一是策的环节，重在集思广益，不断打开思维空间和选择空间；二是决的环节，也就是及时正确地决断，把已经形成的决策方案选择确定下来。策和谋主要考量决策者的认知能力和分析能力，需要信息知识；而决和断则主要依赖决策者的智慧和勇气，需要见识和胆识，需要取舍和判断。

✧ 一、领导决断重在简约

领导决策既要策又要决，基础在策，重点在决。领导干部只在关键时刻才做决策，这就是领导决断。领导决断的艺术首先是要减少日常的决策，这样既能提高决策的质量，又能提高决策的权威，因此，领导干部要把主要能力和精力放在决的方面，提升决断艺术。过去，我们说领导工作两件大事，一是出主意，二是用干部。现在来看，实际上，许多工作是可以交给干部群众去出主意的。进一步来说，上级领导要尽可能少出主意，让干部群众尽可能去多出主意。上级领导要更善于出大主意，而小主意则可以让干部群众去出。干部群众中出主意的人越多，出的主意越多，这个社会也就越和谐，越有活力。

过去，领导干部既管出主意，又管选主意，所以理所当然地选自己出的主意。因此选择的空间很小，容易漏掉许多别人的主意，甚至是许多好的主意。现在，对于领导干部来说，最重要的事情也许不是自己出主意，而是选主意、合主意、断主意。因此，领导决断首先要把出主意的工作交给干部群众去做，上级领导集中精力选主意，自然而然就容易站得高，看得远，客观公正地选出切实可行的好主意。

领导干部选主意并不是包办一切。领导干部的职责不是去出所有的主意，也不是去选所有的主意。比如，各级党政领导干部就没有必要去选企业的主意，去选医院、学校的主意，去选社会组织的主意。领导干部要运用好公共权力，制定好公共政策，管理好公共事务。那些市场能做好的事就交给市场，企业能做好的事就交给企业，社会能做好的事就交给社会。总之，该由谁选的主意就由谁去选，领导干部切记不要管得太宽，不要包办一切。

领导决断重在简约，其步骤如下：第一步先把一般性的事务性的工作简约掉，领导干部心无二用，要有重点地做好决策这一重要工作。第二步再把决策过程中谋的工作、出主意的工作尽量简约掉，谋断相对分离，领导干部集中精力做好断的工作，做好选主意的工作。第三步继续简约，把那些过去经常由自己断的事尽可能地交给合适的人去断。

现代治理与领导力理论认为，上级领导要限制自己的主意，多开发干部群众的新主意；要限制自己的领导行为，多引导干部群众的领导行为；要限制自己的控制管理，多促进干部群众的自主管理；要限制自己的领导行为，多鼓励干部群众的自我领导。领导干部的"过度领导"和"过度决策"，必将限制干部群众的想法和行为，压抑干部群众的积极性和创造性。因此，领导决断要尽可能地减少领导决策的数量，提高领导决策的质量。

◇ 二、领导决断重在排序

"当断不断，必受其乱。"领导决断重在抓住机遇当机立断。决断要求决策者一方面要缩短决断的时间，另一方面要缩小决断的空间，缩短时间和缩小空间重在优先排序，避免"布里丹选择"。丹麦作家布里丹曾经写过一个故事。他说有一头驴子肚子饿得咕咕叫，到野外去找青草吃，发现左边有一堆草挺好的，可觉得没有右边颜色好。于是又跑到右边那一堆草去，又发现右边的草虽然颜色好但品种没有左边的好。所以，它又跑到左边去……就这样，一会儿颜色、一会儿味道、一会儿品种、一会儿新鲜度，选来选去拿不定主意，最后饿死在青草堆中。这头驴子之所以饿死就是因为它追求最优，不会取舍。

决策从来没有最优选择，多数时候是鱼和熊掌不可兼得，这时候就需要决策者实事求是，从"最优"选择转到"次优"选择，"后退一步天地宽"。领导决断要基于价值，要明确价值标准，所谓价值就是什么最重要，什么最有用，价值取向决定了决策标准排序，决定了我们把哪个标准放在第一位。有时候我们把社会效益放在第一位，有的时候把生态效益放在第一位，也有的时候把经济效益放在第一位，关键要看什么时候、什么地方、什么行业、什么环境，因此这种排序不是绝对的，一定要根据具体的时间和空间来进行判断。

我们都知道，打仗一是为了人马，二是为了地盘。很多时候，人马和地盘不能同时都要，如果两个都想要就是"布里丹选择"。比如，1947年，蒋介石将"全面进攻"的策略转变为"重点进攻"，企图以优势兵力进攻陕甘宁边区一举夺取延安。面对敌强我弱的局面，毛泽东深思熟虑，最后决定撤出延安。毛泽东认为，人马和地盘二者相比，人马是第一位的，地盘是第二位的，所以他决定存人失地，暂时撤出延安以保存力量，最终人地皆存，用延安的暂时失去换来一个新中国的成立。

◇ 三、领导决断重在时机

"时来天地皆同力，运去英雄不自由。"毛泽东晚年常引用这一诗句来表明时机对领导工作的重要性。邓小平告诉我们，"机会要抓住，决策要及时"。① 习近平多次强调领导干部要增强机遇意识。

领导决断是对已经形成的决策方案的最终取舍和选择，是对决策者心理意志力的考验，决断需要胆识，重在抓住时机。有胆强调决策者要勇于担当，主动承担风险和责任，敢于开拓创新，善于攻坚克难，能够闯出一条路来，推动工作干出一番事业来；有识强调有超前意识，善于把握机遇，有独到的见解，有洞察形势、预测前景的敏感性，善于把握时机；有胆有识强调对工作敢想敢干，抓得准、紧、实，能够在艰难曲折的道路上取得卓越的工作实绩。

2014 年 1 月 2 日《河北日报》报道，1983 年，习近平在河北正定县工作时，正逢中央电视台筹拍大型电视连续剧《红楼梦》，寻找地方政府共建"荣国府"临时外景基地。习近平敏锐地看到了时机，马上派人与中央电视台联系并达成协议，由正定县无偿提供场地，中央电视台投资搭建。这就抓住了发展正定县旅游业的一次大好机遇。"踏石留印，抓铁有痕。"习近平是这么说的，也是这么做的。在落实决策时，《红楼梦》剧组内部发生了一些问题，需要追加投资，修建"荣国府"一时有告吹的危险，习近平为此先后协调联系中央电视台、石家庄市委、石家庄市红星机械厂等单位，寻求支持，解决资金困难。最终，资金全部如期到位，"荣国府"景区于 1986 年 8 月顺利竣工，极大地带动了正定旅游业的发展，开创了旅游业的"正定模式"。

---

① 《邓小平文选》第 3 卷，人民出版社 1993 年版，第 355 页。

▌ **本章小结** ▌ ··············

　　领导决策注重目的、价值和结果。领导决策要注重顶层设计和基层探索的有机结合，坚持民主决策、科学决策和依法决策的统一，领导决策要遵循"先策后决"的决策程序和"多策少决"的决策原则。要怀有强烈的问题意识，加强调查研究。提升领导决策力一要战略思维和战术思维的结合，二要内脑思维和外脑思维的结合，三要借鉴"三圈"决策模型，把握价值圈、能力圈和支持圈的动态平衡。领导决策重在决断，决断重在简约，要集中精力做好自己该决的工作；决断重在排序，果断取舍；决断重在时机，抓住机遇。

重要术语解释

　　次优决策：其是相对于最优决策而言的，次优决策也就是满意决策，最早由诺贝尔经济学奖获得者西蒙提出。次优决策与最优决策相比更为务实，更为可行，因此是领导决策的基本准则。

　　"三圈"决策模型：由美国哈佛大学教授达奇·李奥那多提出，决策时主要考虑决策目标是否具有公共价值、决策方案的执行是否有能力有条件、利益相关方是否支持认同这三大要素，如果把价值、能力和支持分别用一个圆圈表示，这三圈重叠的部分就是可选择的决策区域，因为其同时具备价值、能力和支持三大有利因素。

✎ **思 考 题**

1. 领导干部如何提升自己的决策力？

2. 怎样正确处理好顶层设计和基层探索的关系？

3. 结合自身工作，谈一谈提升领导决断艺术要注意哪些问题。

第 三 章

领导凝聚力与领导激励艺术

习近平强调:"越是处于改革攻坚期,越需要汇集众智、增强合力;越是处于发展关键期,越需要凝聚人心、众志成城。"[1] 领导重在用人,用人重在激励以形成战斗力,激励旨在凝聚以形成凝聚力。因此,领导干部既要把握激励的逻辑,掌握激励的方法艺术,更要凝聚共识,凝聚人心,凝聚力量。

第一节　领导激励与领导凝聚

领导力由决策力和影响力两大要素构成。领导影响力的提升重在激励和凝聚两个环节,先激励后凝聚,激励重在形成动力,凝聚旨在形成合力。激励是手段和前提,凝聚是目的和结果,激励和凝聚必须紧密结合起来,才能真正放大和实现领导影响力。

◇　一、领导重在用人

领导干部的主要职责,不是去干具体事务,而是要善于总揽全

---

[1]　《不断提高协商民主成效水平》,《人民日报·海外版》2014 年 1 月 24 日。

局，定方向、带队伍。领导工作的本质不仅仅是领导干部自己能干，更重要的是激励和凝聚众人一起干。领导干部要树立正确的用人理念，领导用人并非仅仅是使用人，而是重在影响人，重在激励人和凝聚人。

用人重在用干部。政治路线确定之后，干部就是决定的因素。做出正确的决策后，用什么人来实施决策，是用赞成者还是用不赞成者或者模棱两可者或者在大是大非问题上根本就糊里糊涂者，结果必然大不一样。比如，诸葛亮为关羽定的战略方针是"北拒曹操，东联孙吴"，然而，关羽无论性格气度还是思想认识，都不足以担此大任。对此，毛泽东在多种场合说道：让关云长守荆州是一着错误，他从思想上看不起东吴，不能认真贯彻执行"联吴抗曹"的战略方针，从根本上否定了诸葛亮的战略意图，结果失掉了荆州这个根据地。毛泽东还说，关云长大体上是不懂统一战线的，这个人并不高明，对待同盟军搞关门主义，不讲政策。因此，领导干部要重用那些有能力又认同决策的干部。

用人重在用团队。英国领导学学者贝尔宾提出了领导团队的八种角色理论。他认为，团队中的八种人各有优点，各有缺点，任何个人都不是完美的，但配合得好，就可以形成一个高效的团队。第一种人是实干家，第二种人是推动者，第三种人是智多星，第四种人是协调者，第五种人是外交家，第六种人是监督者，第七种人是完美主义者，第八种人是凝聚者。因此，用人重在用团队，一个领导班子，不是哪一个人重要而其他人不重要。与一个团队相比较，任何单独一个人的作用都是有限的。团队成员必须相互结合起来，优势互补才能形成合力，才能凝聚力量。

用人重在用人才。知识就是力量，人才就是未来。创新的事业呼唤创新的人才，实现中华民族伟大复兴，人才越多越好，本事越大越好。因此，用人重在用人才，用好企业管理人才，用好社会管理人才，用好工程技术人才等各种类型的专业技术人才。用人才必须在创新实践中发现人才，在创新活动中培育人才，在创新事业中凝聚人才。"人无完人，金无足赤。"用人才要注重用人所长，用人之长越用越长，用人之短越用越短。领导干部既要善于用人之长又要能够容人之短、容人之错、容人之败。特别是在创新活动中，难免有失误甚至失败，领导干部一定要予以必要的宽容与理解，善于引导人们从失败中汲取教训、取得经验，从而为人才充分发挥积极性、主动性和创造性营造宽松的环境和广阔的平台。

用人重在影响人。"用人"从狭义上来说是使用人，从广义上来说则是影响人。一方面，要通过以身作则、率先垂范来影响和带动下属；另一方面，还要想方设法影响领导和相关领域的其他人。习惯上，我们说使用下级比较好理解。但做好领导工作，不仅要使用下级来发挥他们的积极性，还要赢得上级和同级的认可以及组织之外其他人的支持。对于下级之外的人，你是没有权力去使用的，而只能借助软权力来影响他们，通过主动沟通，激励感召，善于协商，赢得认同。而且，从严格意义上来说，人并非工具，人是不能被使用的。用人的实质是使人有用，使人发挥积极作用。因此，用人重在影响人，通过影响赢得认同，从而凝聚力量，干好领导工作。

◇ 二、用人重在激励

领导用人重在激励。激励是指领导干部激发、鼓励和调动人的热情和动机，使人们潜在的工作动机尽可能充分发挥和维持，从而更好地实现组织目标的过程。激励的实质是将领导干部的动机和热情有效传递给干部群众的过程，这个过程不仅仅是动力的传递，更是动力的放大和倍增，以便干部群众最大限度地强化动机、激发热情、释放潜能。因此，领导用人要把重点放在激励上，如何调动影响干部群众的积极性是领导用人的关键。

既然激励是一个动力的传递和放大过程，首先要求领导干部自身要有充足的动力和正能量，只有自己充满激情，能量充足，才有可能用自己的动力和能量去影响追随者。因此，领导干部要激励干部群众首先要激励自己，把自我激励和激励他人结合起来。激励自我是手段、是前提，激励他人是目的、是重点。领导激励的三部曲：第一步是自我激励。一个人连自己都激励不起来是不可能激励他人的。没有自我激励就没有领导干部的影响力和领导力。领导干部以身作则就是自我激励，它是领导工作的起点，既是逻辑的起点，又是实践的起点。第二步是激励他人，激励众人，使众人行，这是激励的重点。通过激励他人、鼓舞他人，整个团队、整个组织的士气就会振奋起来，朝着同一个目标前进。第三步是相互激励，即领导干部激励干部群众，干部群众也反过来激励领导干部。只有相互激励才能提供做好领导工作的持续动力。

激励既是一个整体，又是有层次的。激和励是有差别的，激在行为之前，是激发，是让一个人有意愿去干、有兴趣去干、有信心去干。励是在行为之后，是奖励和鼓励，是对一个人行为的评价和反馈，如果干得好，给他表扬和鲜花；如果干得不好，就要批评和纠正，必须及时对干部群众行为进行评价。有效的激励要先激后励，尤其是要保证激和励的一致性，在激与励一致的基础上以励促激。

春秋时期，鲁国出台了一部法律，规定如果鲁国人在其他国家沦为奴隶，有人出钱把他们赎回来，就可以到国库中报销赎金。有一次，子贡赎买了一个在楚国沦为奴隶的鲁国人，回来后却拒绝报销赎金。孔子说："你这样做就不对了。你开了一个坏的先例，从今以后，鲁国人就不肯再替沦为奴隶的同胞赎身了。你收了国家给你报销的赎金，不会损害你的声誉；你不拿赎金，反而带来不利的后果。"

事实上，鲁国那条代偿赎金的法律出发点很好，它的目的是让每一个人只要有机会，就可以惠而不费地做一件功德无量的大好事。这就是激，通过法律激发大家去救赎鲁国人的动机。即便你的财力连预付赎金都做不到，也应该去设法借来赎金为同胞赎身，因为你不损失任何东西，只需要付出同情心。法律规定了救赎鲁国人这一行为能够得到奖励，这就保证了激和励的一致性，但子贡的行为后果却破坏了激和励之间的一致性。

孔子的另一个学生子路，一天路遇一个孩子落水，他奋不顾身地把孩子救了上来。孩子的家长千恩万谢，还给了他一头牛。子路欣然接受了这头牛，孔子知道后很高兴，认为从此救人的事情会越来越多。这件事告诉我们一个道理，激看动机，励看效果。激和励要一致，激励的动机与结果更要一致。

◇ 三、激励旨在凝聚

领导激励旨在凝聚。如果缺少激励的环节，每个人的能量没有激发出来，领导干部再怎么凝聚也形成不了合力，那就如同再多的零加起来仍然还是零。如果只有激励、缺少凝聚，即使每一个人的能力和热情都被充分地激励起来了，每一个人都有很强的战斗力，但是由于没有凝聚起来形成合力，必然还是一盘散沙，甚至还有可能各自为政、相互拆台。结果整个组织不是一个战斗堡垒，而是"堡垒里的战斗"。因此，领导干部必须善于把激励和凝聚结合起来，在激励的前提下凝聚，在凝聚的基础上激励。激励、凝聚，再激励、再凝聚，整个领导活动必然就会有序展开、有效实现。

实现中国梦必须凝聚中国力量，凝聚就是要最大程度求同存异，最大程度追求最大公约数，把激发起来的、每一个人的动力，统一到组织愿景和决策目标上来，广泛凝聚共识，形成合力。凝聚既要凝聚人心也要凝聚力量，凝聚人心是前提，凝聚力量是目的。就如同习近平在欧美同学会成立 100 周年庆祝大会上强调的那样，使留学人员回国有用武之地，留在国外有报国之门。这就极大凝聚了出国留学人员的人心和力量，不管你是回来还是留下来，国家都欢迎、都鼓励，既要保证回国的有用武之地，又要让留在国外的有报国之门。

领导凝聚要遵循先我后他、先内后外的逻辑。如果说凝聚是一个同心圆，最内的一个圆是领导班子之间的凝聚力，再大的一个圆是一个团队或组织的凝聚力，最外的一个圆就是整个社会、整个国家的凝聚力。换言之，一把手凝聚班子成员，领导干部凝聚一般干部，一般干部凝聚党员，党员凝聚群众，于是也就真正把"一切可以团结的力量都团结了起来"。

领导凝聚主要有制度约束和价值引导两种手段。制度约束是"硬手段"，价值引导则是"软手段"，凝聚力量必须"软硬兼施"，而以价值引导为主。制度约束强调发挥法律法规、党纪国法等方面硬性约束的作用，价值引导强调发挥社会主义核心价值观、中国梦和共同愿景等方面柔性引导的作用。

领导干部有时候可以发挥逆境凝聚的作用，把组织面临的困难如实地告诉干部群众，使他们知道真实的情况和险恶的处境，从而赢得他们的信任，进一步激发众人同舟共济、攻坚克难。逆境凝聚的实质是借助适度的外部压力来凝聚人心。一般来说，当组织遇到外部压力时，组织成员很大程度上会把内部矛盾和问题放在一边而一致对外，迎战困难，这样有利于强化团结意识，提高干部群众的战斗力和凝聚力。

第二节　领导凝聚力的提升

领导凝聚力的形成也是一个持续激励的过程，是整个组织团队聚焦、聚神、聚力的过程。领导凝聚力的提升一定要与领导意图和决策目标相一致。

◇　一、领导激励与价值导向

人的行为遵循需要→动机→行为→目标的逻辑：需要引起动机，动机引起行为，行为指向目标。深刻理解人的行为逻辑有利于我们把握激励的着力点，更重要的是它为我们指明了提升领导凝聚力的具体路径。这里的"目标"是激励和凝聚的连接点，同样也是提升凝聚力的着力点和价值导向。一是满足干部群众的合理需要，二是激发干部群众的积极动机，三是鼓励、强化干部群众的正确行为，四是引导干部群众的奋斗目标趋于组织的目标。因此，领导凝聚力的形成过程就是个人的奋斗目标趋于组织目标的过程。在这一过程中，领导干部应该遵循以下逻辑步骤进行激励：

一是满足干部群众的合理需要，这是领导激励的逻辑起点。人人都有需求，需要被关注、尊重、赞赏，需要成就感，所以，激励首先就要满足人的需要，而需要又是有层次，有先后顺序的。因此，领导激励时必须尽量满足干部群众合理的、优势的需要，这样就能达到事半功倍的效果。按照马斯洛的需要层次理论，人的需要可以由低到高分为五个层次：第一层是生存需要；第二层是安全需要；第三层是归属需要和人际关系的需要；第四层是尊重的需要；第五层是自我实现的需要。在同一时间，不同的干部群众有不同的需要，有的希望得到领导干部的信任尊重，有的希望得到更多的收入报酬。在不同的时间，同一个干部群众也有着不同的需要。这就要求领导干部善于识别干部群众的需要，并全力满足他们的合理需要和优势需要。当然，满足干部群众的合理需要是有条件、有限制的，领导干部只能根据现有的资源，根据工作的需要尽量地在满足合理需要上下功夫。

二是激发干部群众的积极动机，这是领导激励之"激"的阶段。这一阶段既是激励的重点，又是凝聚的重点。干部群众的各种需要引起了他们的欲望、热情、动机、潜能，其中既有积极的因素，也有消极的因素。领导凝聚时只能着力于积极因素的发现和积极动机的激发，对消极的动机不但不能激发而且还要加以抑制。积极的动机与合理的需要是一致的，合理的需要引起的是积极的动机。需要注意的是，是否合理、是否积极，只有相对于领导意图和领导决策目标才有依据和标准，这就与领导凝聚结合在一起了。

三是鼓励干部群众的正确行为，这是领导激励之"励"的阶段。这一阶段是激励的第二个重点，也是凝聚的关键。领导干部如果发现干部群众的行为符合组织发展的方向，符合决策的目标，符合领导的意图，那么，这种行为就是正确的，就是需要激励的。因为，干部群众的正确行为必然是指向组织目标的，领导干部要对干部群众的正确行为及时地进行鼓励和奖励，这样他们正确的行为就会再次发生、频繁发生；而且，其他人看到这种行为得到了鼓励和奖励，也会效仿类似的行为，正确的行为就从一次行为变为多次行为，从偶然行为变为习惯行为，从个体行为变为群体行为。这种行为强化的最终结果，必然会促进组织决策目标和领导活动意图的有效实现。

四是引导干部群众的奋斗目标，使之与组织的长远目标和愿景一致起来，这是领导激励的难点。干部群众的奋斗目标是个体的、分散的，他们的积极性一旦被激发出来以后，领导干部就要花大力气引导他们个人的奋斗目标，使之与领导决策目标和组织价值导向一致起来，要对与决策目标一致的个人目标加以鼓励和奖励，与决策目标不一致的个人目标加以引导，通过激励机制的激发，通过社会主义核心价值观的影响，让干部群众自愿地把个人利益与组织集体利益一致起来，把个人奋斗目标与组织奋斗目标结合起来，从而凝聚人心和凝聚力量。当然，引导干部群众个人的奋斗目标离不开对他们正确行为的及时鼓励，离不开对他们积极动机的激发和合理需要的满足。

❖ 二、领导沟通与赢得认同

凝聚力的实质是干部群众都主动追随领导干部，都愿意服从领导干部的工作部署和安排。而大家之所以愿意追随领导干部，从根本来说是因为都认同领导干部这个人，也认同领导干部要做的事。这一过程，遵循的是先认同人、后认同事的认同逻辑。因此，领导干部在赢得干部群众认同的时候，要把干部群众对人的认同和对事的认同紧密地结合起来，把认同人作为赢得认同的重点。无数事实告诉我们，干部群众一旦认同了领导干部的人格，就特别容易认同领导干部的决策，接受领导干部的安排。这时候，领导干部的凝聚力就提升了。

赢得干部群众对领导干部个人的认同需要领导干部的主动，要遵循先认同他、后认同你的逻辑。领导干部无论是与自己的上级交往，还是与自己的下属交往，都要主动沟通、主动认同。你认同了别人，别人才有可能认同你，认同永远是相互的。更重要的是，认同永远需要领导干部的主动。你主动认同上级，上级就认同了你；你主动认同下级，下级也就认同了你；你主动认同团队成员，团队成员也就认同了你。因此，认同永远是相互的，又是主动的。同时，赢得认同离不开有效沟通，领导干部的有效沟通应该分作以下四个阶段，循序渐进，逐步推进。

第一步是外求共同点，重在信息沟通。沟通的第一步，最起码可以从外表来寻求共同点，比如，年龄差不多、阅历差不多、利益差不多，这都是领导干部沟通时可以寻求的共同点。许多人在最初见面时，往往会从老乡关系、性格、兴趣爱好等聊起，实际上，这就是沟通的开始——外求共同点。共同的语言、共同的习惯，这些虽然不是最重要的，是表层的，但却能有效地帮助领导干部打开沟通之门。

第二步是内求共鸣感，重在情感沟通。一般来说，共同点找到的越多，沟通双方在思想、认识、感情、心理上产生的共鸣感就越强。这种共鸣感在沟通的过程中发挥着极为重要的作用。在共鸣、共振的同时，领导与干部群众之间的心理距离就会越来越近，感情距离就会越来越近，认识距离也会越来越近。慢慢地，双方的思维、双方的情绪就会共振共鸣，于是，双方也就很容易想到一起，很容易走到一起。

第三步是深求共识度，重在思想沟通。认同的过程是一个由外到内、不断深化、不断强化的交流过程。先是寻找共同点，这是浅层次的、外在的、一般性的沟通；然后追求共鸣感，这是深层次的、内在的、情感的沟通；最后是最重要的思想认识沟通，即追求并强化共识度的沟通。就一般规律而言，寻求的共同点越多，得到的共鸣感也就越强；得到的共鸣感越强，则双方的共识度也就越高。

第四步是实求影响力，重在人格认同。在领导工作中，在决策的实施过程中赢得决策执行者的认同是极为重要的，因为，领导干部只有赢得了干部群众对自己人格的认同，才能真正产生信赖感、服从感。所以在领导活动中，沟通是手段，认同是目的，人格沟通才是最重要的。干部群众只有认同了领导干部的人格，才可能自觉认同和执行领导干部的决策。于是，干部群众的战斗力和领导的凝聚力就得以同时提升。

◇ 三、共建愿景与凝心聚力

领导凝聚力的提升重在寻求最大公约数，把尽可能多的人都纳入进来，用最大公约数来凝心聚力。在当代中国，这个最大公约数就是中国梦，就是人人都有出彩的机会，就是共同的愿景和目标。

当年红军长征到达延安后，毛泽东总结共产党的成功经验是三大法宝：一是统一战线，二是党的领导，三是武装斗争。其中，排在第一的就是统一战线，统一战线就是用来凝聚人的，不管你是西安的还是延安的，不管你是商人还是文人，不管你是蒙古族还是汉族，大家一起来抗日。抗日统一战线就是中华儿女的最大公约数，共产党以其博大的胸怀接纳了中华民族各方面优秀儿女，所以能够由小到大、由弱到强地一步步走向胜利。

凝聚人心重在共建愿景。愿景是希望实现、可以实现而且务必能够实现的美好前景。目的明确的愿景能够有效激发人们的抱负和承诺，激发人们的积极性和创造性。要建立共同愿景必须要有共享的价值观念。共建愿景既承认个体的差异，又寻求共同的价值，这也是建立共同愿景的要旨和难题，同时更是领导工作和领导艺术的精髓。解决这个难题的办法只能是兼容和协商，只能是求大同存小异，要在承认差异的基础上寻找更多的共同点，寻找共同接受的价值准则。为此，领导干部需要把握以下三个主要方面：

一是要善于描绘愿景。首先要想象各种可能的未来，从中找到共同的奋斗目标。共同目标，意味着它对每个人都是有价值的，每个人都认为为之付出是值得的。因此，明确共同目标就需要领导干部了解追随者，了解他们的需求，倾听他们内心的声音，从而找到追随者都能够认可的共同目标。中国梦就是当今我们每一个中国人的共同愿景，中国梦就是实现中华民族伟大复兴的梦想，就是我们每个人都共同享有人生出彩的机会，就是我们每个人都共同享有与祖国和时代一起成长进步的机会。共同的愿景能够给人以力量、给人以方向。

二是要善于感召他人。共同愿景必须对每个人都有吸引力，使得大家都愿意付诸行动、付诸实践，都愿意全身心投入到实现共同愿景的洪流中去。这就要求领导干部要把共同愿景和每个人的梦想联系起来，激活每个人的愿景和每个人的奋斗目标。中国梦就是要把国家的大梦与个人的小梦、民族的大我与个体的小我紧密地联系起来，将高远的蓝图与当下的奋斗紧密地联系起来，将宏大的方向与具体的目标联系起来。从未有一种愿景如此拨动每个中国人的心弦，激荡每个中华儿女的豪情。任何伟大的事业都需要伟大的共同愿景来激发斗志，来凝聚人心，来开创未来。只有共建中国梦的美好愿景，才能凝聚众人力量，才能凝聚中国力量。

三是要善于凝心聚力。凝心聚力的关键，就是要求领导干部要集中精力，集中注意力。一心一意谋发展，聚精会神搞建设。愿景和目标定了，关键是落实，不能一有风吹草动就分心乱神。有了共同愿景，就有了共同的努力方向和奋斗目标，干部群众的行为就容易与领导干部一致起来，更加自觉、更加主动、更加积极，从而使领导活动"自动"地开展起来。

第三节　领导激励艺术

领导激励是指领导激发干部群众的动机和潜能，使他们的积极性和创造性得以充分发挥，从而更好地实现组织目标的过程。运用领导激励艺术有三个重点，一是掌握领导激励的逻辑，二是完善领导激励的机制，三是运用领导激励的方法。

◇　一、领导激励的逻辑

正如决策是先策后决，领导激励要先激后励，这是最基本的激励逻辑。领导激励既是一个整体过程，又是激和励两个前后相连的环节。为了取得更好的激励效果，应该把握以下领导激励的基本逻辑：

一是先激励心后激励智，把激励心和激励智结合起来。激励有两个任务，既要激励人的激情和动机，更要激励人的潜能和创造力。领导激励首先要把干部群众的心激励起来，使之有热情、有自信、有兴趣、有动机，然后再来激励干部的智力、能力和创造力。激励心是前提，激励智才是目的。激励心要求领导干部要向干部群众传导正能量、疏导他们的情绪和心理；激励智要求提高干部群众的能力，引导干部群众的行为，支持干部群众的业务。有少数的领导干部在认识上存在误区，一直认为激励就是调动积极性，解决一个热情、动机问题，结果就出现了许多热情很高但能力不强的干部群众，只有盲目的积极性，只知苦干蛮干却不讲方法。因此，激励干部群众想干、愿干是对心的激励；更重要的却是要让干部群众能干、会干、创造性地干，这才是对干部心智的全面、正确的激励。在全面深化改革的新时期，领导干部必须重视心智激励，做到两手都要抓，两手都要硬。

二是先激励个体后激励群体，把激励个体和激励群体结合起来。领导激励对象的确定应该是先激励个体，后激励群体，重点是激励群体。当今社会成员的个性化取向日益明显，所以，领导干部必须善于把一个一个具有鲜明个性的社会成员先分别激励起来，才可能最终把全社会成员都激励起来，才可能最终把全社会的力量都凝聚起来。

三是先单一激励后综合激励，把单一激励和综合激励结合起来。激励要先单一激励，后综合激励。即在某一特定时刻，对某一特定对象，针对他的优势需求，进行单一手段和单一形式的激励。

随着工作任务和情境的变化，还要对他的其他需求进行满足，其他动机进行激发。比如先进行物质激励，然后再进行精神激励，最后物质和精神结合起来进行综合激励。

四是先正激励后负激励，把正面激励和负面激励结合起来。正激励是对激励对象的肯定、承认、赞扬、奖赏和信任等积极的反馈；负激励是对激励对象的否定、约束、冷落、批评和惩罚等消极的信号。正激励可以给人以激情、动力、自信和梦想；负激励能够令人冷静，给人警醒，让人知耻而后勇，达到发愤图强的效果。单纯的正激励或负激励效果都无法达到最优。先正后负的激励逻辑重在把握正激励和负激励的结合点，关键是要分清是非，即分清干部群众的行为正确与否。正确的行为当然用正激励去强化，错误的行为只能用负激励去避免。

五是先短期激励后长期激励，把短期激励和长期激励结合起来。激励要先短期后长期，短期激励就是对当下的成就进行及时激励，长期激励强调在短期激励的基础上给他梦想，给他方向，用长远目标和发展机会激励他持续努力。无论是短期激励还是长期激励都要把握好物质激励和精神激励的平衡，一般来说，短期激励以看得见的激励为主；长期激励以愿景激励和精神激励为主。

✧ 二、领导激励的机制

有效的领导激励需要一个有效的机制和完整的制度体系去保证，仅仅强调激励或者过度强调激励只会导致激励失效，即激励带来的结果与激励预定的目标之间会出现严重偏差。出现这种现象的原因在于人们很大程度上是对激励本身而非对激励背后的目标产生反应。因此，有效的激励必须始终围绕着实现决策目标，与决策目标相一致。激励是激励机制的重点和核心，但激励之前要注意保健，激励之后要注意约束，保健、激励和约束有机结合起来才是有效的激励机制。各级领导干部应该把握领导激励机制以下三个原则。

一是先保健后激励。在保健的基础上进行激励，在激励的基础上再进行新的保健，保健和激励相结合，重点要放在激励上面。如果没有保健只有激励，激励就丧失了基础和前提，这样的激励短时间有效，但难以持久。保健是常量，要低标准、广覆盖。比如，工资福利、养老保险都属于保健因素。激励则是增量，没有增量就没有激励的效果。比如，上个月发了 500 元的奖金，这个月仍然发 500 元的奖金，这个月的激励效果就是零。但是，上个月发了 500 元，这个月也发了 500 元，维持了原来的数量，这就叫保健。保健的作用也是重要的，它使干部群众已经激发出来的潜能和热情得以维护和保持。领导激励一定要掌握好这个逻辑，在保健的基础上进行激励，在激励的基础上进行保健。

二是先激励后约束。激励重在激发和强化人的正确行为，旨在形成动力，但这种动力很大程度上是分散的，是个体的动力，这种动力引发的行为很可能会导致追求个人或小团体利益的最大化，因而可能会偏离组织的目标和领导的意图。所以，在激励形成动力和活力的基础上，要引导并约束大家朝着既定决策目标前进。实现决策目标，要进一步形成合力，把分散的动力进行聚焦，这样才能形成有效的执行力。约束就是凝聚、就是团结、就是集中。"加强纪律性，革命无不胜。"没有约束就没有凝聚力，没有约束就没有执行力。依法行政是约束，组织文化是约束，廉政建设也是约束。约

◆〉知识链接〉

激励和保健

美国心理学家和领导理论学者弗雷德里克·赫茨伯格提出著名的"激励与保健因素理论"即"双因素理论"。他认为，在工作中，有两类因素以不同的方向影响人们的行为。一类因素可以调动人们努力工作的积极性，引导他们有更好的工作表现，这类因素就是激励，比如绩效奖金、晋升提拔、带薪休假和成长发展的机会等。另一类因素虽然难以调动工作积极性，但却可以防止人们的不满情绪，这类因素就是保健，比如基本的收入、良好的工作条件、人际关系的改善以及基本医疗和养老保险等都属于保健因素。保健因素是必需的，没有它会导致不满，但是保健的作用往往是有限的，要调动积极性还要在保健的基础上注重运用激励。

需要注意的是，保健因素主要属于工作环境和工作关系范畴，激励因素主要属于工作本身和工作内容范畴。但是保健和激励在某些方面又有交叉，要注意二者的动态转化。

束既要法律法规等"硬约束"，也要道德文化等"软约束"。

三是先完善激励制度后运用激励艺术。激励首先要遵循一定的标准和规则，这些标准和规则就是激励制度，激励制度更具有根本性和全局性。因此，领导激励首先要有制度激励和制度设计，不以领导干部的好恶和更迭而变化。比如说一个人很能干，不管他和领导干部的关系是亲是疏，都应该提拔重用，不以领导干部的意志为转移。当然，激励制度也不是万能的，因为激励制度强调的是对所有人的激励，考虑的是普遍情境下的激励问题，但是，由于每一个地区、每一个部门都有其特殊性，在实施激励制度时就必须灵活地把握和应用，把一般的激励制度和各自实际结合起来，这就相应生成了激励艺术。因此，领导激励也要把激励制度和激励艺术结合起来，先有激励制度后有激励艺术。如果说激励制度强调"硬"的方面，那么激励艺术更注重"软"的方面，要以激励制度为主、激励艺术为辅，二者缺一不可、相辅相成。

◇ 三、领导激励的方法

领导激励方法应用于领导工作的方方面面。这里主要介绍四个与当前的形势和任务密切相关的激励方法，即目标激励的方法、工作激励的方法、尊重激励的方法和兼容激励的方法。激励艺术是对激励方法的创造性运用。

一是目标激励的方法。目标激励就是领导为干部群众树立一个或数个明确具体且切实可行的目标，并以此来规范、引导和激发他们的行为。目标激励要注意以下几个方面：首先，要使目标有价值、有意义、有吸引力，是干部群众想要的、需要的、愿意为之努力奋斗的；其次，目标要现实可行，不能太高太难，是经过努力可以达到、能够实现的；再次，目标应该是可分解、可评价的，能够分步骤、分阶段实现；最后，个人的目标与组织的目标要保持一致。领导干部要牢牢把握目标激励的关键，确保激励的目标与决策的目标要高度一致。

完整的目标激励既要顺境激励，也要逆境激励。所谓顺境激励就是用光明的前景去鼓舞人心，激发热情和干劲。所谓逆境激励是用现实的困难、危机、忧患去唤起人心，凝聚斗志。在实际工作中要遵循先顺境激励后逆境激励的激励艺术，把这两种激励结合起来运用。

二是工作激励的方法。工作激励就是把工作本身作为激励的内容、手段，以提高干部群众工作的积极性、创造性的一种方法。这种艺术不需要物质刺激，也不需要非常高超的激励技巧，因此简单实用。正如人们常常说的，领导给金给银，不如给工作机会；组织关怀照顾，不如信任重用。随着社会的发展，随着人自身素质的提高，随着21世纪"自我领导"的普及，工作会成为人的优势需要，因此，利用工作本身进行激励将会变得越来越重要。工作激励方法重在把握以下几个准则：工作的重要性、工作的丰富性、工作的全程性、工作的透明性、工作的自主性、工作的挑战性和工作的参与性。工作激励重在引导干部群众爱岗敬业，在岗位上体现自身的价值。工作激励的关键是激发干部群众的成就感、自豪感和幸福感。

三是尊重激励的方法。随着干部群众能力素质的提高，他们的个性在增强，自尊在增强，他们尊重自己的上级，也希望得到上级的尊重。尊重激励有几个重点：一要充分尊重干部群众的人格和差异性；二要营造一个尊重的环境，领导干部首先要把注意力从自己的身上转移到干部群众身上，倾听每一个人的意见、每一个人的呼声、每一个人的需求，并及时给以积极反馈；三要避免对干部群众干预过多，只在他们需要指导和辅导的时候才发挥领导作用；四要尊重干部群众对组织的贡献和取得的成就，领导干部要承认他们的突出贡献，特别是通过公开嘉奖来凸显对干部群众的尊重。公开嘉奖向干部群众发出一种信号，只要他们的行为能够促进组织目标，就会得到尊重和认可。领导要与干部群众一起努力创造一个自尊和互尊的环境，这是尊重激励方法的真谛所在。

四是兼容激励的方法。兼容激励的重点是寻求个人目标与组织目标之间的一致，寻求个人利益和组织利益之间的平衡，使得个人在追求自身利益的同时能实现组织的利益，从而实现个人与组织的共赢。因此，兼容激励一方面要禁止个人的某些不当行为，使其不能损害他人乃至整个组织的利益；另一方面又给追求个人利益的正当行为提供恰当的激励，使组织利益甚至社会利益都得以更好地实现。

▌ 本章小结 ▌ ·············

领导重在用人，用人重在激励，激励旨在凝聚。领导用人重在用干部、用团队、用人才，重在影响人。用人要重用有能力又认同领导决策的人。提升凝聚力一要善于发挥激励的价值导向作用，二要善于沟通以凝聚人心，三要善于共建愿景以中国梦凝聚中国力量。领导凝聚的基础是激励，领导激励一要掌握激励的基本逻辑，二要完善保健、激励和约束的内在机制，三要运用领导激励的方法艺术。

✐ 思 考 题

1. 结合本章内容谈谈激励与凝聚的辩证关系。

2. 你认为应该如何运用激励艺术？

3. 如何有效提升领导凝聚力？

第 四 章

领导执行力与领导协调艺术

执行是贯彻领导战略意图，实现战略目标的关键环节，执行力是领导力的重要体现。2011年，习近平曾在《求是》杂志撰文指出："我们的所有成就，都是干出来的。这里的关键，就是始终注重抓落实。如果落实工作抓得不好，再好的方针、政策、措施也会落空，再伟大的目标任务也实现不了。"①

"一分部署，九分落实。"党的十八届三中全会决定已经为我们描绘好了深化改革的宏伟蓝图，关键就是各级领导干部如何组织好施工，把改革蓝图变成现实。领导执行力最终决定着这个宏伟蓝图实现的程度，也是检验领导力和治理能力的重要标志。领导协调艺术是领导执行力的润滑剂，对于执行力的提升起着至关重要的作用。

第一节　领导决策重在执行

领导决策重在执行，执行是领导干部组织人力物力财力，实现既定目标的具体施工过程。而执行力是领导干部带领干部群众实现

---

① 习近平：《关键在于落实》，《求是》2011年第6期。

战略目标、完成战略任务，使组织战略和决策目标变为预期结果的综合能力。领导干部是制定战略决策之人，更是带领群众执行之人。若没有高效的执行力，战略就不能得到落实，领导绩效就难以得到真正提高。

✧ 一、执行力的内涵与意义

执行力是指领导干部贯彻战略意图、实现决策目标的综合能力，是领导干部带领干部群众一起共同把战略和目标转化成为现实结果的综合能力。执行力的内涵包含完成任务的意愿，完成任务的能力，完成任务的质量、效果和程度。执行力是衡量执行水平高低、执行者能力大小、执行效果好坏的一个综合概念。

高效执行力的前提是正确的领导决策。相反，如果领导决策是错误的，执行的方向是错误的，那么这时执行力越强，距离领导决策的目标就越远，带来的损失就越大。因此，执行力和领导力实际上是一个硬币的两个方面，领导干部对下要有领导力，对上要有执行力，领导力保证执行力的方向性和正确性，执行力决定领导力的实现程度和最终结果。

简单来说，执行力大小主要由执行者的执行意愿和执行能力综合决定的，用公式表示就是，执行力 = 执行意愿 × 执行能力。需要注意的是，执行力不等于执行能力，有执行能力的人也会出现执行力低下的问题，因为他从根本上不认可领导决策，缺乏积极执行的意愿和积极性。比如，有些人对上级决策、领导意图，阳奉阴违，虚于应付，甚至有令不行、有禁不止，等等。因此，执行意愿的强弱是影响执行力高低的"软功夫"，是重要前提。而执行能力是影响执行力的"硬功夫"，是重要保障。执行意愿和执行能力两个要素相较来说，执行意愿更为基础，更为重要。因为有了执行意愿之后，即使暂时执行能力不足仍然可以逐渐培养和提高，相应地，执行力就会逐步增强和提高。因此，提升执行力的关键首先要在增强干部执行意愿上下功夫，同时也要不断培养和提高干部的执行能力。这样，执行力就会不断放大，就会真正产生乘数效应。

从层次上来看，执行力分为个体执行力、团队执行力和动态执行力等形态。个体执行力即执行意愿和执行能力的综合作用；团队执行力是团队成员合作做事的能力，是一种组织合力，体现为组织的执行力和制度的执行力；动态执行力是组织成员在实现决策目标过程中持续稳定的执行力，即不受执行过程中诸多因素影响的执行力，不论领导决策目标如何调整，不论执行环境如何复杂，组织成员都能实现既定决策目标的行动能力。

一是个体执行力。影响个体执行力主要有三个要素：首先是基础智能，主要指智商、知识和文化素养等。其次是情商和心态性格等因素，包括事业心和使命感、敬业精神和忠诚度、积极的心态和工作的激情等。最后是业务能力，即完成具体工作需要的技术或操作能力。在组织的不同层级，执行力的具体构成有所不同。一般而言，高层执行力是指具有前瞻性且正确地制定战略的能力，强调战略、方向性和前瞻性；中层执行力是指把战略和规划落实到关键环节，强调把战略制度化、具体化；基层执行力是指贯彻落实上级决策方案的能力，强调埋头苦干、不尚空谈。

二是团队执行力。团队执行力的关键是优势互补，形成合力。首先把每一个人的积极性和创造性充分激发出来，然后再用共同的价值观和行为准则把大家团结起来，凝心聚力，为实现组织目标共同奋斗。

三是动态执行力。任何事业不可能一蹴而就，领导决策要因变化不断调整，执行力也要持续地、不断地实现既定决策目标，才能保证各项事业的持续健康发展。因此，还必须从动态角度看待执行力。动态执行力三大核心流程是战略流程、人员流程和任务流程。流程是指一系列连续有序的行动，这些行动以确定的方式发生并导致特定的结果实现。战略流程是将战略和运行结合起来的根本力量，这一流程实际上就是决策的行动方案，它是通向结果的路径、方向和目标。人员流程是指组织内关于人才的选、用、育、留等工作环节，它紧紧围绕战略和运行来选人、用人、育人、留人，把合适的人放到合适的岗位上，做到量才适用，同时还要将奖惩与绩效紧密结合起来。任务流程即实施步骤，它通过详细的跟进措施以确保每个人都能完成自己的任务。这三个流程是彼此紧密联系在一起的，战略的制定必须考虑到组织人员的条件和运行过程中可能出现的实际情况，而对人员的选拔也应当根据战略和运行计划的要求进行，同时组织的运行计划也必须与战略目标和人力条件相结合，三个流程有机结合起来才能体现出动态执行力。

✧ 二、执行力重在沟通协调

执行力低下的最大问题是执行过程中沟通协调的不到位。在执行过程的各个环节，如果每一个环节的沟通协调都有偏差，那么最终各个环节上偏差的累加将严重影响到决策目标的实现，甚至导致执行结果与决策目标的相悖。因此，提升执行力要从改善执行过程中的沟通协调着手。

一要提高沟通质量。在执行过程中，领导干部要说干部群众能听懂的话，而且要用大家乐于接受的方式进行沟通。这就要求领导干部要遵循沟通原则，减少沟通障碍，沟通时做到准确、明确、清晰，宁问不猜。

二要努力寻求认同。沟通只是手段，认同才是目的，沟通旨在实现干部群众对决策的理解、认同和支持。沟通首先要承认不同和差异，其次要寻找共同点，最终是扩大认同，从认同人到认同事，认同领导的决策。

三要善于调整角色。领导干部沟通时要根据沟通对象的特点善于调整自身角色，做到沟通时因人而异、因时而异、因地而异。例如，汇报工作是领导干部与上级之间的一种正式沟通，要注意以下几个沟通原则：一是目标清晰，二是内容明确，三是详略得当，四是数据充分。

◇ 三、执行力注重完善流程

要提升执行力就必须完善执行的流程，包括战略流程、人员流程和任务流程。完善执行流程要把握以下要点：

一要把战略细化为可执行的任务，将任务分配给合适的人员并确保每个人理解个人任务与组织战略的内在联系。细化任务时要掌握四化原则：把复杂的过程简约化，把简约化的东西定量化，把定量化的因素流程化，把流程化的因素制度化。简约化的关键是要抓住问题的实质，抓大放小，抓住主要矛盾和矛盾的主要方面。定量化的实质是把简约化的东西用数据来界定，以实现可评价、可考评。流程化强调的是路线图，是先后次序，要分清和把握轻重缓急。制度化重在实现把组织执行流程规范化，形成执行文件，能够指导以后的类似任务。

二要让执行人员参与决策的制定。这样有两个好处：一是使得执行者更清楚自己该怎么做，二是更愿意努力做。毫无疑问，只有清楚自己该做什么执行的方向才会明确，而只有积极愿意做的事情才容易做好、做到位。

三要完善人员流程。用好现有的人才比招聘人才更重要、更有可行性。一方面要适才用人，把合适的人放在合适的位置上，用人之长才能更好发挥执行的积极主动性。另一方面要培养人才，帮助人才成长，给他创造机会，搭建舞台，并大胆使用。真正树立以人为本的领导理念，尊重人、锻炼人、发展人、提高人，为人才创造有吸引力的工作环境，设计科学合理的薪酬体系，创造浓郁的执行力文化。

四要完善实施步骤。要通过详细的实施步骤和跟进措施以确保每个人都能完成自己的任务。学会运用 SMART 准则来细化目标任务。所谓 SMART 就是：目标必须是具体的（Specific），目标必须是可以衡量的（Measurable），目标必须是可以达到的（Attainable），目标必须和其他目标具有相关性（Relevant），目标必须具有明确的截止期限（Time-based）。无论是制定团队的工作目标还是个人的绩效目标都必须符合上述原则，五个原则缺一不可。

第二节 领导执行力的提升

提升执行力首先要准确领会决策意图，把握住执行要实现的目标以及衡量目标实现程度的关键环节和基本标准；其次要构建有效的执行团队，相互协同，共同配合；还要塑造执行力文化，并建立相应的绩效考核机制。

◇ 一、准确领会决策意图

领导决策指引了执行力的努力方向，指出了执行力的实现目标，指明了执行力的根本任务。因此，准确领会领导决策意图是提升执行力的重要前提。任何领导决策都是基于组织面临的全局性、长远性问题所做出的战略谋划和指导，作为执行者必须站在上级和组织的立场，从全局和长远角度来理解和把握领导决策，才能准确领会领导决策意图。而且，领导干部不仅要理解和把握领导决策的目标，更要精准领会决策目标之上的领导价值，领会决策意图不仅要知其然，更要知其所以然，这样，在执行过程中才能更加自觉，更有创造性。

1950 年 11 月 25 日—12 月 24 日，在抗美援朝战争第二次战役过程中，中国人民志愿军将美国为首的"联合国军"诱至预定战场后突然反击。期间，西线作战的 38 军 113 师主力，于 11 月 29 日晨按照上级指示到达三所里地区，执行阻止敌军南逃的任务，正是由于该师领导深刻认识三所里作战的价值取向就是"阻敌南逃"，因而，该师领导到达指定地域后，发现三所里以西的龙源里也是敌军南逃路线，及时堵住了敌军这条南逃路线，从而确保了第二次战役的胜利。

◇　二、构建高效执行团队

从根本来说，执行力提升必须要有高效的执行系统作为保证，其中，构建高效执行团队是提升领导执行力的关键环节。

从组织的纵向运行体系来说，上级对下级要指挥命令，下级对上级要请示报告。这个纵向运行体系必须保持畅通，各个管理层次之间的运行不能断裂，否则就会产生纵向结构性障碍，从而削弱甚至破坏执行力。从组织的横向结构来说，管理幅度既不能太小也不能过大，上级管理的下属数量太少导致上级的能力无法充分发挥，管理的下属数量太多导致上级难以统筹兼顾，有效协调。一般来说，管理幅度的确定应该根据团队内部的具体情况，如人员素质、组织制度的健全程度、团队文化等因素来确定，否则就会由于管理幅度太小或太大影响执行力。

在确定组织合适的管理幅度和管理层次后，就要努力建设高效的执行团队。构建高效执行团队有以下六个要点：

一是有清晰可行的目标。构建高效的团队首先要有清晰的目标，并坚信目标具有重大的意义和价值，而且，该目标能够把个人目标与组织目标有机结合起来。此外，目标的可行性促使干部愿意为团队做出承诺，并清楚地知道他们自己该做什么工作，以及他们怎样共同工作并实现目标。

二是相互信任。这是高效团队的最显著特征之一。团队每个成员对其他人的品行和能力都确信不疑，这是十分珍贵的团队品质。

只有信任他人才能换来对他人的信任，不信任只能导致不信任。因此，领导干部要高度重视团队成员的相互信任。

三是为团队成员提供服务。优秀的领导干部能够让团队跟随自己共同度过最艰难的岁月。他能为团队指明方向，向成员阐明变革的可能性，鼓舞团队成员的斗志，帮助他们更充分地挖掘自己的潜力。优秀的领导干部不是去一味地指示或控制团队成员，他们往往担任的是教练和后盾的角色，为团队成员的成长提供有效的指导、辅导等服务。

四是有相互补台的性格和能力。高效执行力的团队是由具有不同类型性格和能力的成员组成的，各个成员不仅具备实现目标所必需的能力，而且还必须具备相互之间良好合作的性格和气质。其中，具有团队精神和合作能力尤为重要。

五是有一致的承诺和责任。高效执行力团队的成员对团队表现出高度的忠诚和承诺，为了能使团队获得成功，他们愿意去做任何事情，这种忠诚和奉献成为团队一致的承诺。对成功团队的研究发现，团队成员对他们的团队具有认同感，他们把自己属于该团队的身份看作是自我的一个重要方面。而明确分工和目标使得成员在行动上达成一致，促使成员成为利益相关者，共同承担任务，一起完成目标。

六是有良好的沟通。这也是高效执行力团队一个必不可少的特点，是高效执行的润滑剂，团队成员能迅速而准确地了解彼此的想法和情感。团队成员通过畅通的渠道交流各种信息，包括各种言语和非言语交流。此外，领导层与团队成员之间及时有效的信息反馈也是良好沟通的重要特征，它有助于领导干部指挥团队成员的行动。

◇ 三、塑造执行力文化

把战略和目标细化为可执行的任务，将任务分配给正确的人员并确保每个人理解个人任务与组织战略的联系，这里包括做什么、怎么做、做到什么程度、什么时间做好等多个方面。在执行组织目标时，一定要克服各种困难，排除一切借口，坚决完成组织目标。为了坚决完成组织目标，领导干部必须在塑造执行力文化上下功夫，重点需要把握以下三个要点：

一是塑造高效执行的价值观。塑造执行力价值观，必须弘扬"认真第一，聪明第二""制度第一，能人第二"的价值取向。"认真第一，聪明第二"强调在战略决策做出后，执行时必须把认真排在第一位，聪明排在第二位，要有认真务实的态度，严格按照操作程序而不能走捷径、钻空子，更不能敷衍了事。"制度第一，能人第二"强调执行的时候严格按照制度规定，而不能超越制度之外另搞一套，执行的时候制度更重要。

二是培育合作执行的精神。执行的根本方针就是要把组织目标置于个人利益之上，个人的利益要服从组织的目标，组织的目标要服从国家的目标。在此基础上去坚定目标，去坚持，去总结，去提高。同时，在组织内部培育合作精神，把合作精神作为凝聚大家的精神动力，在工作中相互补台而非相互拆台，以补台为荣，以拆台为耻，通过硬性制度和柔性文化鼓励和倡导合作。

三是形成有序执行的行为规范。首先，执行前的行为规范是决心第一、成败第二。没有决心，做什么事之前先考虑成功了怎么样，失败了会怎么样，这样做势必会动摇做事的信心和决心，减少做事的动力，增大阻力。其次，执行中的行为规范是制度第一、完美第二。在执行过程中不可能等到什么事都想得很完美、发展得很完美了再开始行动，必须抓住机遇，乘势而上，机遇不可多得。最后，执行后的行为规范是胜利第一、理由第二。目标达到后，要以贡献大小作为评价的根本维度和标准。

◇ 四、建立绩效评价机制

从根本上来说，执行力的高低强弱必须建立在科学的绩效评价机制之上，绝对不能想当然地模糊处理，更不可感情用事。绩效评价机制是根据决策目标建立分层次、分岗位的绩效评价指标体系，然后运用统一的绩效标准，经过一定的评价程度，对干部的执行绩效进行客观评价，并运用绩效评价结果改进干部执行绩效的系统过程。建立绩效评价机制需要把握三个要点。

一要明确适合组织发展的战略目标。目标明确，自己清楚该做什么，不该做什么，愿意做的事情就容易做好。战略目标既能激发大家，又能给大家以远景和梦想。要大处着眼，小处着手。习近平在参观《复兴之路》展览讲话时指出："实现中华民族伟大复兴，就是中华民族近代以来最伟大的梦想。这个梦想，凝聚了几代中国人的夙愿，体现了中华民族和中国人民的整体利益，是每一个中华儿女的共同期盼。""国家好、民族好，大家才会好。"国家的发展战略必须让人民有梦想，每个个体有梦想才有发展的动力。

二要对执行人员进行指导和监管。必须有强有力的监督做后盾，战略才有可能得以成功实施。因此，在执行战略时要跟进相应的实施计划，制定相应的执行和操作标准，并对执行人员进行督导和监管。而协调各部门之间的关系也是重要环节。党中央成立全面深化改革领导小组，对党的十八届三中全会描绘的改革蓝图，在执行层面进行指导和监督，就是要强化执行、强化监督。

三要将绩效评价结果及时反馈给干部，并对干部如何提升绩效给出建议。领导干部要把绩效评价结果及时反馈给干部，因为这是干部获得自己工作绩效表现结果的主要途径。绩效评价不是最终目标，绩效评价旨在识别干部的弱项和影响执行力的因素，领导干部要善于运用绩效反馈帮助干部提升执行力。

第三节　领导协调艺术

领导执行力的提升离不开领导协调的艺术。从宏观上讲，领导协调要统一目标与认识、统一资源与行为；从微观上讲，领导协调要善于协调矛盾、善于协调人际关系、善于协调上下级的关系等。

✧　一、用价值目标统一认识

领导干部要善于用共同的价值目标统一干部群众的思想认识，赢得他们对决策目标的理解、认同和支持，然后采取行动共同实现价值目标。用价值目标统一认识需要把握以下三个要点：

一要了解和把握干部群众的需求，确定合理可行的价值目标。为了提高干部群众对目标的认同首先要全面了解和把握他们的各种需求，分清合理需求、优势需求和不合理的需求。古代兵书《三略》中说："智者乐立其功，勇者好行其志，贪者邀趋其利，愚者不顾其死。因其至情而用之，此军之微权也。"这种至情用之的方法之所以有效，主要是因为充分考虑了个体的性格、价值取向和个人经历等。为了落实目标与认识的统一，组织目标应该包括满足组织成员需求的内容，使组织成员乐于接受。

二要形成高度承诺的组织文化。高度承诺的组织文化是指组织成员对组织表现出高度的忠诚和承诺，为了获得组织的成功，他们愿意去做某些事情。高度承诺的组织文化有利于协调个人目标与组织目标的矛盾。在实际工作中，难免出现个人目标与组织目标相冲突的情况，高度承诺的组织文化有助于提高组织成员自觉修改与组织目标不一致的个人目标，顾全大局，以组织目标为重。

三要整合资源与行为。俗话说："巧妇难为无米之炊。"领导干部为了实现决策目标关键在于整合资源和促进共同行动。一方面，围绕特定的决策目标，领导干部要善于整合相应的人财物等各种资源，把有限的资源通过协调集中到最重要的目标。另一方面，领导干部要善于影响干部群众的行为，引导他们为实现决策目标共同行动，这就要求领导干部赢得干部群众发自内心的认同和追随。

✧ 二、着力调处各类矛盾

在落实决策的过程中，因为干部群众思想认识的不一致、利益格局的调整、行为惯性的影响等因素，必然会引发各种矛盾和冲突，因此，领导干部要着力调处各类矛盾，尽可能形成执行的合力。调处矛盾和冲突时要注意把握以下四个要点：

一是要分清是原则分歧还是无原则纠纷。根据"二八原理"，一般来说原则性分歧最多占 20%，无原则纠纷则占 80% 以上。对于原则性分歧，领导干部应优先解决，集中精力解决；对于无原则

◆〉**知识链接** 〉•

"二八原理"

　　"二八原理"是意大利经济学家帕累托在 19 世纪提出的"关键的少数"原理，也可以称为"80/20 法则"。他从大量具体的社会事实中发现：社会上 20% 的人占有 80% 的社会财富，即财富在当时人口中的分配是不平衡的。而且，人们还发现生活中存在许多类似不平衡的现象。"二八原理"最大的启示在于在多数事物中，普遍存在"重要的少数"与"不重要的多数"这一不平衡关系，这一不平衡关系的大致比例是 20∶80，这一原理在多个领域都有一定的解释力和应用价值。

纠纷则采取不处理、冷处理或慢解决的态度。由于无原则纠纷往往不影响大局，领导干部如果急于去调解或者处理，有可能火上浇油，激化矛盾；相反采取冷处理的态度，就有可能大事化小、小事化了，矛盾纠纷自动会化解和解决，这时领导干部的调解就会收到事半功倍的效果。

　　二是要分清是利益冲突还是认识分歧。利益冲突一般涉及分房、奖金、工资和晋升、培训、进修机会等，认识上的分歧涉及决策方案、项目投资、生产技术改进等。领导干部应优先解决认识上的问题，优先解决思想认识上的分歧，对下属的利益冲突则要冷静处理。因为下属对利益问题往往是很敏感的，如果急于处理，有可能造成更大的矛盾，不如先沟通，然后再来解决利益冲突。

三是要分清是年深日久的矛盾还是新近形成的纠纷。领导干部一定要优先解决新矛盾、新纠纷，再来处理老矛盾、老纠纷。因为新纠纷的缘起往往容易调查清楚，解决起来相对容易一些。相反老矛盾必定是个难矛盾，必定牵扯很多难题，领导干部必须花较长的时间和精力去解决。如果急于处理，将会陷入"斩不断，理还乱"的困境。

四是要分清是局部纠纷还是整体纠纷。领导干部一定要分清是小范围的"火烧一屋"式的局部矛盾和部门矛盾，还是"火烧连营"式的整体矛盾。因为整体矛盾往往涉及其他单位、其他业务部门，对于牵扯到方方面面、上上下下的整体矛盾，必须在赢得其他部门的配合和支持后再来解决。所以领导干部要优先解决局部纠纷。

◇ 三、善于调整人际关系

调整人际关系的能力是领导干部有效运用协调艺术最重要的一个方面，其中包括调整同上级的关系、调整与下属的关系、调整与同级的关系和调整正副职关系。

一是调整与上级的关系。要协调好同上级的关系应该注意以下两点：一方面，必须正确地认识到自己的角色地位，努力做到出力而不越位。就是必须尊重上级，维护上级威信，一定要明白这件事该上级做的就由上级做，该请示的就要请示，该汇报的就要汇报；不该决断的时候不擅自决断，不该表态的时候不胡乱表态，不该干的工作不执意去干，不该答复的问题不随便答复，不该出头露面的场合不"抢镜头"等。另一方面，要坚持原则，据理力争。不越位不是说对上级唯命是从，关键要看领导的决策是否正确合理，如决策有不当或者失误之处，也要善于坚持原则，据理力争。前提是加强与上级的信息沟通和反馈，尽可能了解事情的真相，以免出现判断失误。

二是调整与下级的关系。领导干部调整与下级的关系要努力做到以下几点：首先，具备宽人律己的胸怀。为了达到人际关系协调、工作环境和谐，作为领导干部，要有对人宽容、对己严格的胸怀。领导干部对下属要大度，在同事之间具备"大事讲原则、小事讲风格"的气度，在上下级之间具备关系平等、一视同仁的胸怀，这样做才能与人和睦相处，才会赢得大家的尊敬。其次，密切跟下级的感情联系。古人云："感人心者，莫先乎情。"领导干部要高度重视加强与下属的感情联络，善于缩小自己与下属的心理距离，使得上下级之间在目标、情感、心理、态度、利益方面一致起来，这样的领导干部才有威望。最后，对下属要多支持、多帮助、多授权。领导干部对下属充分授权，同时促使他们学会承担责任。当然，让下属学会承担责任决不是领导干部授权后不再承担任何责任，而是强调在下属犯了错误之后领导干部对他们多支持、多理解和多帮助，指导他们及时总结教训、及时改进提高。

三是调整与同级的关系。领导干部协调好与同级之间的关系既是促进个人发展的重要因素，又是促使整个领导团队共同进步的重要因素。这里有三个要点：首先，增进与同级的感情。感情是人际关系的"协调器"，同级之间关系融洽，工作也就容易相互支持与配合。其次，注意与同级的沟通。不同部门的领导干部，由于各自业务领域和职责不同，看问题的角度也不同，因此要加强同级之间的沟通，了解对方想法并站在对方的立场上看问题，是处理好同级关系的重要保证。最后，竞争与合作共存。要处理好与同级之间的关系，需要领导干部认识到相互之间的有序竞争是磨砺自我、激发自我的机会，从而正确把握同级之间既竞争又合作的关系。

四是调整正副职的关系。正副职的关系能否做到相互协调、优势互补，直接影响到集体的战斗力和凝聚力。在双方的协调过程中，往往更需要副职主动维护、配合正职工作，需要副职维护正职的核心地位，因此副职在处理同正职的关系中负有重要责任。首先，不得架空正职。正职表态拍板的事，只要不出原则性错误，就尽力维护、设法落实。副职也不得视分管的工作为"势力范围"，正职一过问似乎就是"干预""插手""不信任"。其次，不擅自代正职行令。该正职表态的要由正职表态，非正职授权不能代替正职拍板。不能趁正职不在家时，办正职不同意的事项，避免造成不合制度、不合原则、不合手续的既成事实，使得正职下不了台，以致心生负面感受。最后，不要抢正职的功劳。当副职的要力求工作上有突破，但不能突出个人、争抢功劳，把正职的好主张、好成绩、好经验说成是自己的。即使自己分管的工作，成绩也不能全都记在自己的名下。

▌本章小结 ▌ ……………

领导执行力是贯彻领导意图、完成决策目标的综合能力。高效的执行力不仅取决于正确的战略决策，而且还需要具备高效执行能力和强烈执行意愿的团队。提升执行力，一要准确领会决策意图，二要构建高效执行团队，三要塑造执行力文化，四要建立绩效评价机制。在执行过程充满了各种矛盾和冲突，这就要求各级领导干部具备和掌握高超的领导协调艺术。

重要术语解释

执行力：执行力是领导干部执行意愿和执行能力的综合作用。它是衡量执行意愿高低、执行能力大小和执行效果好坏的一个综合概念，是领导与干部群众共同把战略和决策转化成为效益和成果的综合能力。

执行力流程：执行流程是一组将领导意图和战略决策的输入转化为一系列执行活动的输出过程。执行力流程包含三大核心流程，即战略流程、人员流程和任务流程。

思 考 题

1. 为什么说执行前要准确理解领导决策意图？
2. 结合自己的工作实际谈谈如何提升执行力。
3. 结合自己的经历谈谈执行中如何运用领导协调艺术。

第 五 章

领导服务力与领导用权艺术

领导的本质就是服务，领导干部的角色就是人民群众的公仆，把领导和管理融入服务之中就是最管用的领导艺术。2012 年 12 月 7—11 日，习近平在广东考察工作时深刻指出："领导干部是人民的公仆，必须始终牢记宗旨、牢记责任，自觉把权力行使的过程作为为人民服务的过程，自觉接受人民监督，做到为民用权、公正用权、依法用权、廉洁用权。"因此，领导干部行使权力旨在为人民服务，领导服务力的提升重在为干部群众营造合适的领导情境，创造有利的工作条件，重在掌握正确的领导用权艺术。

第一节 "领导替代"与领导服务

社会发展到一定阶段就会不可避免地出现"领导替代"现象，这既是对传统领导方式的挑战，又是创新领导理念和领导方式的机遇。在某种程度上，"领导替代"会"倒逼"领导服务的理念落到实处，并实实在在地推动各级领导干部领导服务力的提升。

✧ 一、正视"领导替代"现象

20 世纪后期，美国领导力学者克尔和杰米尔首次提出了"领导替代"这一概念，当时只是被当作领导情境的一个特殊因素来考虑的。在中国当下的领导情境中，"领导替代"则是领导活动的重要特征和明显趋势。因此，领导干部只有正视和应对"领导替代"的普遍现象和大趋势，方能真正更新领导观念，转变领导方式，实实在在地提升领导服务力。

"领导替代"理论认为，在传统的领导活动中，领导者居于中心地位，决策用人、沟通协调、激励凝聚，都离不开他们的身影，领导干部就应该在组织活动中发挥不可替代的重要作用。但现在有一些情境因素正在逐渐替代领导者的传统作用，领导干部在领导活动中的某些领域、某些环节发挥作用的范围已在缩小，发挥作用的强度已在减弱，发挥作用的效果有时也不是那么有效。归纳起来，这些替代领导者和领导力的因素主要有以下六个方面。

一是下属对领导者的替代，这也是最重要的替代。随着下属素质和能力的普遍提高，他们对领导者的依赖程度正逐步降低，并可能在许多方面替代传统的领导者，替代领导者的作用。过去，领导者是决策者，决策专属于领导者，下属只能是被动的执行者。而现在下属不仅能够参与重大的领导决策，部分替代领导者的决策职责，而且他们也有机会替代领导者直接去做许多具体的微观决策。

二是工作自身对领导者的替代。当下属接受的任务具体而明确时，领导者的作用就可能是多余的，因为下属知道自己应该干什么，也知道如何把工作干好。同样，当下属从事的工作是自己所喜欢的而且是所擅长的，他完全能通过积极主动完成工作来满足自己的精神需求，实现自我领导，这时他也不需要领导者过多的干预和指导。

三是组织文化对领导者的替代。一个组织如果有明确的愿景和目标、健全的规章制度、强大的凝聚力以及有效的文化氛围，那么，这些因素都会带来对领导者和领导作用的替代。组织文化对领导者的替代是润物细无声的，主要表现在它无形的影响力和凝聚力。过去是领导者来激励、控制、影响和凝聚普通员工，而现在更常见的是依靠组织文化来激励、控制、影响和凝聚普通员工。

四是市场经济对领导者的替代。让市场在资源配置中发挥决定性作用意味着在很多方面市场作用对政府作用的替代。推进国家治理体系和治理能力现代化背景下，越来越多的事情应该交给社会和企业，让他们自主决定去做什么、如何去做，政府应该在市场失灵的地方更好发挥作用。我们还应该进一步看到市场对领导者作用的替代，忙忙碌碌的领导者有时候不只是劳而无功，更可能是劳而有过。过多的领导活动反而会限制干部群众发挥创造性的空间。

五是民主法治对领导者的替代。市场经济与民主法治是不可分割的制度安排，前者是一种经济制度，后者则是政治制度。既然市场经济能够替代领导者的作用，那么，民主法治更能替代领导者的作用。用领导科学的观点来看，民主法治就是在很多方面减少和限制政府的权力和作用，扩大和强化干部群众的权利和作用。用法治代替人治，用民主取代强制，这其实就是对传统意义上领导作用的约束和替代，这种领导的大趋势是谁也阻挡不了的。

六是网络技术对领导者的替代。网络技术的迅猛发展使得越来越多的干部群众在互联网上便捷地获取和交流信息，并且能够在网上随时发表自己的观点，正所谓"个个都有麦克风，人人都有发言权"。过去，干部群众主要从领导者那里获取信息，领导者是信息中心，因此也是权力中心。现在，人们并不完全需要从领导那里获得信息，所以，领导者的重要性下降了，网络技术使得"领导替代"的现象更普遍了、更加速了。

✧ 二、"领导替代"倒逼领导服务

不论是什么替代因素发挥作用，最后都会归结为追随者对领导者的替代。用发展的眼光看，在 21 世纪，追随者自主意识很强，他们在领导活动中扮演着更积极、更主动的角色，发挥的作用和影响也越来越大、越来越重要。传统意义上的领导者不再独领风骚，很难独揽大权，换言之，职权的威力在减弱。随着追随者的能力和自主意识越来越强，他们的地位和作用就会越来越重要。那么，随之而来的结果是领导者与追随者的界限会变得越来越模糊。换句话说，被领导者成了更加主动的追随者，成了真正意义上的自我领导者。今天，领导者必须正视"领导替代"现象，积极顺应这种大趋势，及时更新领导观念，转变领导方式，改进领导方法，运用领导艺术。

追随者替代了领导者的部分职能和部分作用，并不意味着领导者就无事可干了。事实上，追随者替代的作用本来就是应该由他们自己发挥的作用。领导者的职能和作用被部分地替代以后，一方面要聚精会神地行使好剩余的领导职能；另一方面还要努力适应变化了的情境，去履行新的领导职能，发挥新的领导作用。比如说，一些具体的业务型、事务型的决策职能过去是领导者承担的，在它们被替代以后，领导者一方面应该集中精力去做那些重大的、战略性的决策；另一方面则应更加积极主动地为追随者的具体决策活动提供愿景、提供服务、提供支持，帮助他们提高做好具体的事务决策和业务决策的能力。显然，"领导替代"催生了服务型领导这种新的领导观念和领导方式。

根据领导者与追随者在领导活动中重心的变化，可以把领导力分为四个阶段：第一阶段，追随者是完全被动的，他们不需要进行独立思考，对领导者只能唯命是从；第二阶段是使用硬权力阶段，被领导者只在很小的范围内有发言权，追随者只是按部就班地完成自己的工作；第三阶段是使用软权力阶段，领导者激励影响着追随者去完成任务，追随者在较大范围内有发言权；第四阶段是服务型领导，是以追随者为中心的崭新阶段，在这一阶段，领导者让渡很多具体的决策权，选择服务和支持追随者，领导力的重心由领导者自身转向追随者。总之，服务型领导既是客观形势发展的必然要求，又是领导力发展的全新阶段，因此，领导者要加快转变领导观念和领导方式，把主要精力和能力放到提供服务上来。

◇ 三、领导服务的方式创新

有些领导干部对"领导就是服务"的理解还是比较肤浅的。他们认为关心群众生活、提供职工福利就是服务的全部内容，这是不

知识链接

邓小平提出"领导就是服务"

　　1985 年 5 月 19 日，邓小平在中共中央、国务院召开的全国教育工作会议上的讲话中，对热衷于发指示、说空话而不为群众干实事的领导作风进行了严肃的批评，强调指出："什么叫领导，领导就是服务。"

全面、不准确的。我们今天所说的服务并非仅仅是后勤意义上的服务，而是由领导干部向干部群众提供的具有特殊意义的领导服务。领导干部为干部群众搭建舞台，提供灯光布景，让他们去演威武雄壮的活剧；领导干部为干部群众提供宽松的环境和必要的条件，让他们去心情舒畅地做好本职工作，这才是真正领导方式上的服务创新。

　　具体来说，领导服务的主要方式包括以下四个方面：

　　一是为干部群众提供环境和条件，重点是要为干部群众营造工作需要的大环境和小环境，提供工作所需的软条件和硬条件。

　　二是为干部群众提供平台和舞台，重点是要为干部群众提供合适的岗位和职位，提供可供他们施展才华的平台。

　　三是为干部群众提供规则和规范，重点是为干部群众提供工作的目标和标准，提供激励和约束的规则，规范他们的行为。

　　四是为干部群众提供辅导和指导。有了规则和规范之后，还要为干部群众提供辅导和指导，帮助他们提高能力和素质，帮助他们不断地进步和成长。

与直接的领导决策和用人相比，领导服务的最大特点是间接性和柔隐性。领导干部通过设计和营造各种领导情境来影响干部群众，从而间接地、巧妙地达到目的，实现领导活动的价值。因此，领导服务的作用往往是潜移默化的，是春风化雨的，是不易被观察和被感知的，它体现为人的内心的一种体验和感受，体现为一种微妙的心理和认同。而且，领导服务的方式是多样的、叠加的，而不是单一的。既可以通过工作氛围、营造环境去影响干部群众，也可以通过领导制度、组织文化等情境去影响干部群众，多种情境因素的叠加作用会使得领导力的效果更加明显。

服务型领导理论认为，领导干部的主要工作不仅仅是事事出主意、处处用干部群众，更不是事无巨细地包办代替他们去干事情。毛泽东和邓小平最卓越的领导艺术可以说是"举重若轻"。很显然，"举重若轻"就是超脱的、简约的，就是重在做好服务工作，营造良好的领导情境，激励干部群众去挑大梁、当主角。"领导就是服务"的观点不仅指明了领导工作的本质所在，而且指明了做好领导工作的有效方式。

向干部群众提供服务，向干部群众提供他们无法"替代"的服务，这是新时期领导干部的主要职责，也是他们富有成效的主要领导方式。因此，各级党政机关要转变职能，尽量由直接管理转向间接管理，以形成政府营造环境、企业创造就业、社会充满活力、人民创造财富的良好格局。服务型领导更有利于社会的进步和充分发挥市场在资源配置中的决定性作用，更有利于激发干部群众的积极性和创造力。政府应减少行政审批，减少行政控制，尽可能多地为社会和企业的发展提供宽松的环境和优质的服务。

第二节　领导服务力的提升

提升领导服务力必须准确把握干部群众的需要，从而更有针对性地提供有效服务，及时回应他们的关切，最终提高领导绩效，实现决策目标。

◇ 一、积极回应群众关切

现代领导活动实质是一个互享和互动的过程，领导干部为人民群众提供服务，人民群众就会向领导干部提供认同和服从。领导干部提供的服务越到位，人民群众对领导干部的认同越主动，服从也就越自觉。因此，领导干部要找准服务与服从的结合点。领导干部的服务要有主动性和针对性，要通过服务来影响、激励、引导人民群众，促进他们与领导干部同心同德，去实现共同的奋斗目标。对于实现人民群众的根本利益和有效实现领导服务的目的而言，抽象地讲"领导就是服务"毫无意义，孤立地提供服务也徒劳无益。问题的关键，就是要把领导服务同领导意图和决策目标结合起来、一致起来。

▲ 新华门影壁上的"为人民服务"

（新华社记者　吴森辉／摄）

　　这里需要注意的是，服务与服从是真诚的互享与互动，而不是斤斤计较的市场交易，赢得人民群众的服从和认同是现代领导活动中领导干部真诚服务、主动服务的必然结果，是领导干部积极回应人民群众关切的必然结果。党的根本宗旨是全心全意为人民服务，人民群众满意就是衡量各级领导干部服务力的主要标准。因此，领导干部要积极主动地为人民群众提供服务，想人民群众之所想，急人民群众之所急，做人民群众之所盼。这就要求领导干部回应群众关切时要更积极、更到位，充分发挥提供服务的主动性和创造性，主动去发现人民群众需要解决的问题，主动增加和拓宽服务的范围和内容，主动创新提供服务的载体和形式，提升服务的及时性和可获得性，切实提高人民群众对领导服务的满意度。

✧ 二、领导服务的"白金法则"

　　既然领导就是服务，领导干部就应该积极主动地向人民群众提供到位的、优质的服务。但问题也往往出在这里，如果领导干部的服务太"积极"、太"主动"，就可能会导致领导干部违背领导服务力的本质和要求，以自我为中心，往往以居高临下的恩赐形式提供所谓的服务，这不是真正的领导服务，更不可能是人民群众满意的服务。

　　领导服务一定要以人民群众为中心，而不是以领导干部为中心。领导服务的根本目的是让人民群众自觉行动去实现领导决策的目标。因此，人民群众需要什么服务，领导干部就应提供什么服务，减少发号施令、指挥控制，改变命令型的领导方式。在现代领导活动中，领导干部是公仆，那就应该而且必须"退"到边缘去，真正为处在中心的广大人民群众提供辅导、提供帮助、提供条件、提供环境、提供规则，提供广大人民群众所真正需要的服务。

从领导活动的发展历程来看，从领导者与被领导者在领导活动中重心的演变脉络来看，可以发现领导活动在不同的发展时期遵循着不同的法则。

第一阶段领导活动遵循"黑铁法则"。在以专制领导为特征的第一阶段，领导活动普遍遵循着黑铁法则。黑铁法则是指"领导者让被领导者干什么，被领导者就必须去干什么"。这里只有领导者"铁"的意志，却没有被领导者的些许权利。

第二阶段领导活动遵循"黄金法则"。在以科学领导为特征的第二阶段，领导活动普遍遵循黄金法则。所谓黄金法则是指"领导者希望被领导者怎样对待自己，自己就怎样去对待被领导者"。黄金法则显然比黑铁法则柔软多了，领导者在领导活动中更多地考虑到被领导者的愿望和要求。但是，我们必须注意，黄金法则和黑铁法则一样都是以领导者为中心来开展领导活动的，都是主要从领导者的角度来考虑问题的，让被领导者围着领导者转。

第三阶段领导活动遵循"白金法则"。在以服务领导为特征的第三阶段，领导活动普遍遵循着白金法则。白金法则是指"被领导者想让领导者干什么，领导者就应该去干什么"，"被领导者想让领导者怎样去干，领导者就应该怎样去干"。由此看出，白金法则是以被领导者为中心的，它使领导工作发生了质的飞跃。黑铁法则是完全由领导者说了算，黄金法则是部分考虑被领导者的意愿，而白金法则却是被领导者的意见占了主导地位，是让领导者围着被领导者转。领导者是服务者，领导者的职责是为被领导者提供服务。

从黑铁法则到黄金法则，从黄金法则到白金法则，就可以发现，真正高明的领导者正在把权力金字塔颠倒过来，不是自己干而是去激励干部群众干，不是强制性地让他们干，而是通过营造环境提供服务让他们既有能力干也有意愿干。总而言之，白金法则就是领导服务的法则，领导干部只有遵循白金法则才能真正提升自己的领导服务力。

◇ 三、领导服务的制度化

领导服务强调的是领导干部在领导活动中要扮演服务提供者的角色，通过为人民群众提供服务获得人民群众对领导工作的认同和服从，从而提升领导活动的绩效。可以看出，"领导就是服务"突出的是领导干部个人对人民群众提供的服务，在实践中有可能出现提供服务不均衡的情况，有的地方提供的服务少，有的地方提供的服务多；有的地方提供的服务群众认可，有的地方提供的服务群众不认可。这种服务提供不均衡的情况，直接导致领导工作效果的优劣，有的地方群众认可领导服务，领导工作开展的就很顺利；有的地方群众不认可领导服务，领导工作开展的效果就不是很好。

党的十八大以后，我们党和政府着力推进领导服务的制度化，党的全部组织、政府及其各个部门都要践行领导服务的理念，并提出服务型政府建设和服务型党组织建设的理念。服务型政府和服务型党组织的建设实质就是领导服务的制度化。

领导服务的制度化实际有两层意思：第一，领导服务的内容要规范化、制度化，即领导服务的主体、对象、内容、标准、时间、地点、条件、时限、结果等相关要素要制度化，要有详尽而明确的规定，而且要说到做到。第二，领导服务的方式也要规范化、制度化。结合"领导就是服务"的论断来思考，就能明白即使领导干部确立了服务的理念，但如果没有一个好的制度，没给领导干部能充分施展为人民服务的本领的制度空间，在很大程度上也是无法为人民群众提供他们所需要的服务的。

领导服务的制度化凸显了党和政府的价值取向和功能定位的调整，通过提供人民群众需要的服务并加以制度化，激发并推动各级领导干部服务人民群众的热情和积极性，使领导干部和人民群众的联系更加紧密，更有利于赢得人民群众的信任和认同，最大限度提升党的执政能力，夯实党的执政基础。实践证明，服务型政党和服务型政府的建设能够通过强化党和政府的服务职能，以群众需求为服务导向，以群众满意为评判标准，切实增强社会和市场的活力和动力，激发广大人民群众的活力和动力，从而充分形成合力，为中国梦的实现提供持久的力量源泉。

通过建立和完善服务制度发挥领导作用，领导者也就实现了由单纯是领头人向主要是服务者的角色转变。领导者从领导环境的中心"退"到了边缘，与此同时，被领导者从领导活动的边缘进入了中心，实现了自我领导和自我发展。于是，领导服务力提升的同时，干部群众的战斗力、创造力和凝聚力也随之明显增强。

第三节　领导用权艺术

习近平参加党的十二届全国人大二次会议安徽代表团的审议时强调："严以用权，就是要坚持用权为民，按规则、按制度行使权力，把权力关进制度的笼子里，任何时候都不搞特权、不以权谋私。"因此，领导干部要树立正确的权力观，坚持权为民所赋、权为民所用，领导干部不论在什么岗位，都只有为人民服务的义务，都要把人民群众利益放在行使权力的最高位置，把人民群众满意作为行使权力的根本标准，做到公道用人、公正处事。领导干部既要严以用权，按制度规定来行使权力，把权力关进制度的笼子里；又要提升用权艺术，切切实实运用好权力为人民服务。

✧ 一、善用软权力的艺术

领导力即广义的影响力，包括强制性影响力和非强制性影响力两个方面。硬权力所产生的影响力是强制性影响力，这种影响力与职位相联系，有职则有权，无职则无权，它包括惩罚权、奖赏权、合法权；软权力产生的影响力是非强制性影响力，这种影响力与职位无关，主要取决于个人的个性风格、道德作风、能力专长、资历阅历、魅力魄力等因素，包括人格（高尚的品德和良好的作风）、专长（丰富的学识、卓越的技术、超凡的能力）等。强制性影响力是职位对职位的影响力，是上级对下属的影响力，是法定权力的影响力；非强制性影响力是人对人的影响力，是上下左右之间都可以产生的影响力，是职位和权力以外领导者个人的因素产生的影响力。

影响力的使用最终可以导致三种不同的结果：产生承诺、产生服从和导致抵抗。毫无疑问，这三种结果中第一种结果最佳，人们心甘情愿地接受一项任务，并愿为高效完成任务全力以赴。就这两种影响力而言，强制性影响力更可能带来服从或抵抗，而非强制性影响力更容易带来认同和承诺。传统的领导干部主要依赖硬权力，没有硬权力就没有领导力；现代的领导干部要尽量少用或者不用硬权力，而是主要借助软权力来实现领导目的。因此，领导干部重在运用软权力这种非强制性影响力。领导干部在综合运用包含硬权力和软权力在内的领导艺术时，必须注意把握以下用权原则：

一是先用软权力，后用硬权力。领导干部自身有各种各样的影响力，如果想增强整体影响力，就必须把权力影响力与非权力影响力结合起来而形成领导力的合力。领导干部应该注意两种权力的搭配使用，如果领导干部处处靠职权、时时靠命令，仅仅依靠硬权力的运用是无法真正提高领导活动绩效的，因为干部群众可以"用脚投票"，他不高兴可以辞职，可以跳槽到其他单位和组织。我们必须正视这一现实，应该把硬权力和软权力搭配使用。特别是随着干部群众自我领导能力的增强，领导干部用权应该先用软权力，后用硬权力，开展工作时先沟通、先协商，软权力无效再用硬权力。"先礼后兵"讲的就是这个道理。

二是多用软权力，少用硬权力。在现代领导活动中，硬权力的作用在逐步减弱，软权力的作用在逐步增强。因此，领导干部要尽量少用硬权力，多用软权力。当一件事既可以用硬权力解决，又能用软权力解决时，领导干部就应当多用软权力来解决。这样一来，领导干部的软权力就会越来越大，即使硬权力不变，总的影响力也会越来越大。

三是软硬权力都要用，但必须重用软权力。过去，人们常常讲刚柔相济，以"刚"为主，"刚"是和硬权力连在一起的；现在，强调以"柔"为主，则是跟软权力连在一起的。刚柔相济不是对等的，而是以柔为主，以软权力为主，以影响力为主。领导用权的原则，应该因人而异、因事而异、因境而异。领导干部需要根据不同的情况选择不同的用权策略，应该考虑特定的权力基础和组织文化背景，只有这样，用权效果才会更加理想。

四是积累软权力，慎用硬权力。一个普通组织成员可以有意识地在品德修养和能力业绩等方面积累软权力，当软权力足够大的时候，就会引起上级领导和干部群众的关注。这时候，可能推举你，上级领导也会选拔你为基层领导干部。一旦普通成员有了领导职务，其积累的软权力就变成了现实的硬权力。不过，各级领导干部都要尽量少用慎用硬权力。

✧ 二、领导授权的艺术

经济社会快速发展的今天，掌握运用授权艺术对领导干部来说极为重要。一个成功的领导干部，并不需要事事亲力亲为，而要通过适当授权，让干部群众充分发挥积极性、主动性和创造性，从而实现决策目标和组织目标。所谓授权就是领导干部将一定权力授给自己的直接下属，使被授权的组织或个人充分发挥各自的积极性、主动性和创造性，从而更有效地实现既定的领导目标。

领导授权主要有四大好处：一是有利于领导干部解脱自己。授权使领导干部得以从繁重的具体事务中超脱出来，集中精力做好更加重要的事情，从而提高领导绩效。二是有利于领导干部提高自己的管理协调能力。领导干部把一些专业性、事务性较强的具体工作授权下属去做，随后对之进行必要的检查和督导，从而有利于领导干部自己熟悉工作、考虑长远、提高管理协调能力。三是有利于激励、锻炼和培养下属。授权是上级对下属的一种信任，也是对下属的激励、锻炼和培养，有利于调动他们的积极性、主动性和创造性。四是有利于用人所长、发挥团队优势和提高整体绩效。领导干部一定要根据管理幅度来决定是否授权以及授权的大小，管理幅度太宽了，自己管不过来，就必须多授权给下属；管理幅度有限，就可多将专业性、事务性较强的具体工作授权给下属。

一般来说，领导授权有以下四个原则。第一，把权力授给愿做事的人；第二，把权力授给有能力的人；第三，把权力授给担责任的人；第四，把权力授给有道德的人。

相应地，领导授权有以下四个步骤。一是因事而授权，一事一授权，把权力授给做事情的人。领导干部要把权力授给那些愿意做

ⓘ _ 案　例 _

领导授权：习仲勋领导广东改革
"杀出一条血路来"

1979 年 4 月 8 日，习仲勋请中央授权或放权，允许广东参照外国和亚洲"四小龙"的成功经验，让广东先走一步，放手干。这个构想立即引来反对者冷嘲热讽：广东如果这样搞，那得在边界上拉起 7000 公里长的铁丝网，把广东与毗邻几个省隔离开来。但邓小平很支持这个构想，他对习仲勋说："过去陕甘宁边区就叫特区嘛，你不是陕甘宁特委的代理书记吗？在你们广东划出一块地方来，也搞一个特区！怎么样？"接着他又说了一句名言："中央没有钱，你们自己去搞，杀出一条血路来！"

资料来源：《1979 年邓小平激励习仲勋：为改革开放"杀出一条血路"》，人民网，http://history.people.com.cn/n/2013/0306/c198865-20691803.html。

事的人、有能力做事的人。尤其强调授权给那些工作在第一线的人，因为他们富有实践经验，他们又身处各种问题的现场，能够第一时间及时应对各种突发事件。因事而授权，可以使领导干部分身有术、解脱自己。

二是视能而授权，因人而授权，把权力授给有能力的人。由于组织活动多样性和专业化的特点，领导干部不可能事事精通，因此，只有授权给具有相应专业能力的专才，才能完成组织目标。常言道："养兵千日，用兵一时。"养兵就必须让"兵"在平时经常得到锻炼，到用时方能显出威力。授权的事前准备也是同样的道理，领导干部必须在平时将一些项目大胆交给下属去独立完成，并且注意严格培养他们独当一面的能力，使之有信心、有经验来承担未来可能面临的突发性任务。视能而授权，可以提高领导干部的业务能力，可以激励干部的积极性和创造性。

三是因责而授权，先授其责再授其权，把权力授给担责任的人。如果一个下属，愿意干工作但没能力干，或者有能力干但没有意愿去干，这时授权给他就是不合时宜的。相反，如果某一个下属既会干又愿意干，不用扬鞭自奋蹄，此时，领导干部授权给他就是非常合适的了。适当地授权，既有利于领导干部的简约化领导，又有利于下属的自主化领导，这是领导活动创新的主要途径。因责授权可以培养干部的责任意识和担当精神。此外，责权相称也是领导授权最需要掌握的原则和艺术。

四是视德而授权，把权力授给有道德的人，把权力授给你信任的人。领导干部授予下属权力的大小，取决于他对特定对象的信任程度，信任程度高可以多授权。当然，信任是领导干部与下属之间互动的过程，而且，信任程度也是不断变化的，领导干部要注意在领导活动中不断赢得下属的信任，下属也要以自己的品德和业绩持续赢得上级领导的信任。

需要注意的是，领导授权主要授的是做事之权，授权并没有减少领导干部自己的职权，更没有减少自己的责任。一般来说，以上授权的四个步骤，其先后顺序不能轻易颠倒。因为有道德的人或领导干部信任的人不一定勇于承担责任，勇于承担责任的人不一定有能力，领导授权的步骤必须要确保在最大范围内选人、用人，四个授权步骤的运用实际上是一个授权对象不断聚焦的过程。相反，如果颠倒次序，领导授权时就难以打开选择的空间。如果只授权给身边少数几个所信任的人，但这些人有的可能没能力，有的可能不愿担责任。那么，授权不仅无法达到授权的目的，反而会助长选人、用人的不正之风。

✧ 三、领导权变的艺术

领导权变绝非领导权术，绝非玩弄权力的"厚黑学"。领导权变的实质是一切从实际出发，在分析影响领导活动绩效的诸环节、诸要素的基础上决定哪个因素应该变就变哪个、哪个因素变化最有效就变哪个。领导活动的根本目的是实现领导价值。要实现领导价值，领导干部就必须一切从实际出发来领导变革，既可以变自己，也可以变干部群众，更可以变领导情境、变领导任务。领导权变主要包括以下四个方面的基本内容：

一是因事而变。领导干部根据领导任务的变化而变化领导行为和领导风格。制定决策的时候可以多协商，领导干部与专家和干部群众一起出主意；执行决策的时候就要多命令，一切按既定规则办，切实提高执行力。工作任务复杂时可以多协商、多授权，充分发挥专家和干部群众的积极性、主动性，创造性地完成工作任务；工作任务简易明确时则要少协商、少授权，按程序和常规办事，该怎么办就怎么办。

◆ **知识链接**

菲德勒的权变理论

美国华盛顿大学领导学教授弗雷德·菲德勒在领导情境理论基础上，进一步提出了以"因境而变"为核心的"领导权变理论"。他认为，影响领导有效性的因素主要包括：第一，上下级关系，也就是领导者与被领导者之间的关系；第二，任务难易程度，领导者给被领导者交代的工作任务的难易程度，结构化程度如何，有无常规可循；第三，领导者权力大小，领导者影响力的大小。

权变理论的重点在于"双向匹配"，领导活动的有效性既不是单纯靠领导者的能力和素质，也不是靠被领导者的能力和素质，而是在于一方面领导者与被领导者之间的适应和匹配，另一方面领导者与所处环境以及目标任务之间的适应和匹配。因此，领导要"因境而变"，根据领导情境的变化而变化；要"因人而变"，根据被领导者的准备就绪程度而变；要"因需而变"，根据被领导者的能力和意愿而变。至于领导者如何权变，遵循的原则是哪个应该变就变哪个，哪个变的效果最好就变哪个。

二是因人而变。领导干部根据被领导者特征和需求的变化以及自身特征的变化而改变领导行为和领导风格。领导干部和被领导者是领导活动中的主体，二者之间的关系直接影响到领导活动的绩效。在二者的关系中，相对来说，领导干部处于主导地位。因此，领导干部要根据被领导者特征的变化和自身特征的变化及时调整自己的角色和行为。比如，被领导者工作能力强又有积极性，就可以多授权；被领导者工作能力差一些，应该少授权，多指导、多辅导。

三是因时而变。领导干部要根据组织发展阶段的变化而调整自己的领导方式和领导风格。社会组织发展阶段一般都会经历初创期、发展期和成熟期等阶段，领导干部要能够准确把握组织发展的阶段性变化，及时调整自己的领导方式和领导风格。比如，在社会组织初创期，面临着各种各样的难题和考验，如何生存下去是最大的挑战。在这一时期，领导干部的领导风格应该以更大的魄力和勇气去开创局面，而不是过度强调管理的规范化和制度化。随着社会组织进入发展期，领导风格也要及时向制度化、规范化转变。在社会组织进入成熟期后，领导就应该更重视文化建设，更重视人才培养。再比如，领导用人在平时可以亲柔一些，可以多沟通、多协商，但在危急时刻就要多一些权威、多一些命令，做到果断决策、当机立断。

四是因境而变。领导干部根据领导活动所处客观环境的变化而变化领导方式和领导风格。就环境来说，对不同的国家而言，文化环境、生态环境、社会环境、经济环境、政治环境、制度环境、法治环境和民众素质等都是影响领导行为和领导风格的要素。总之，这都要求领导干部要根据所处领导环境的不同相应地采取不同的领导方式。

领导权变要处理好"变"和"不变"的关系。权变的目的性和原则性十分明确，一方面，不管如何权变，领导原则不能变，领导方向不能变，领导目的不能变，决策目标不能变；另一方面，不管如何权变，领导权变的最终目的都只能是为了提高领导工作的绩效，实现领导活动的价值。

■ 本章小结 ■ ………………

服务既是领导活动的本质，也是领导活动的方式。领导服务旨在应对"领导替代"现象。与直接的决策和用人活动相比，领导服务具有间接性和柔隐性的特点，领导者通过营造合适的领导情境，并提供合适的工作条件来赢得干部群众的认同和服从。领导提供服务的主要方式是为干部群众提供开展工作的环境和条件，提供施展身手的平台和舞台，提供日常行为的规则和规范，提供必要的辅导和指导。提升领导服务力重在转变服务理念，从以领导者为中心转变到以干部群众为中心，积极回应他们的关切。而且，领导服务应该制度化。此外，领导服务离不开领导的用权艺术。领导用权艺术的重点在于一要善用软权力，二要善于授权，三要善于权变。权变并非权术，权变的是方法和策略，不变的是价值和方向。

重要术语解释

领导服务：领导服务不仅仅是后勤意义上的服务，而是领导干部通过为干部群众提供开展工作的平台和舞台，提供所需的环境和条件，提供日常工作的规则和制度，提供必要的辅导和指导，间接地推动和影响他们有意愿、有能力自觉实现领导意图和决策目标。

领导权变：领导权变并非权术，其实质是一切从实际出发，根据领导活动的具体情境灵活采用合适的领导方式方法去实现领导价值。在领导活动中权变的是方法和策略，不变的是价值和方向。

思考题

1. 为什么说"领导就是服务"？

2. 如何提升领导服务力？

3. 结合自身工作实际，谈谈坚持领导用权原则和运用领导用权艺术的体会。

第 六 章

领导形象魅力与言语表达艺术

领导魅力是领导干部影响力的主要体现，而领导形象与领导魅力又密不可分。习近平曾指出："人格魅力是领导干部人品、气质和能力的综合反映，也是党的干部所应具备的公正无私、以身作则、言行一致优良品质的外在表现。"[①] 如果一位领导干部在群众中树立了亲民爱民的人民公仆形象，那么，他在群众中的魅力和影响力将会大大增加，群众会不令而从。相反，如果有的领导干部不注意在工作中塑造良好的形象，必将被群众所厌恶。对此，习近平强调，现在确实有少数领导干部在群众中形象不是很好，"官样子"不怎么地，"官架子"倒不小。

多数时候，领导干部是通过讲话来开展工作的，因此，领导干部要善于言语表达，否则就很难发动群众、影响群众。习近平曾批评有些领导干部面对群众时的"失语"现象，"在开展群众工作方面，我们有的领导干部甚至不会说话。有的同志自嘲：与新社会群体说话，说不上去；与困难群众说话，说不下去；与青年学生说话，说不进去；与老同志说话，给顶了回去。很多场合，我们就是

---

① 习近平：《之江新语》，浙江人民出版社 2007 年版，第 114 页。

处于这样一种失语的状态，怎么能使群众信服呢？"① 特别是在信息网络时代，领导形象的好坏和领导干部讲话水平的高低更对领导魅力产生放大和倍增效应，因此，领导干部应当内外兼修，注重内在修养，善于言语表达，塑造亲民爱民的人民公仆形象，提升领导魅力。

第一节　领导形象与领导魅力

领导力理论认为，领导形象与领导魅力是一对互为表里的概念，二者既相互区别又相互联系。

✧　一、领导形象的内涵与意义

领导形象由领导干部的"形"与"象"两个基本要素构成。"形"通常指称人们的形体和容貌，"象"通常指称因人们形体和容貌而生发的象征和蕴涵。综合解释"领导形象"，它的内涵包括两个基本方面：一是指外在风貌，二是指内在品格。毋庸置疑，领导形象也就是领导干部外在风貌与内在品格的统一。

领导形象之"形"，即领导形象的外在风貌，主要包括领导干部在领导活动过程中的表情、举止、服饰和言谈等基本要素；领导形象之"象"，即领导形象的内在品格，主要包括领导干部在领导活动过程中所展现的人品、气质和能力等基本要素。

当今世界媒体在领导活动中扮演着越来越重要的角色，领导形

---

① 习近平：《在浙江省委专题学习会讲话》，《人民日报》2005 年 5 月 30 日。

象已经成为领导干部传达领导理念、发挥影响力的基本手段之一。近年来，个别领导干部在公共场所的不当服饰、言论和举止被媒体报道，直接损害自身形象、党和政府形象，从反面警醒领导干部必须高度关注领导形象。

◇ 二、领导魅力的内涵与要素

在人际交往过程中，人们往往习惯使用"魅力"一词，这是对他人从外表容貌形象到内在精神气质的一种全面肯定。从汉语词源学分析，"魅力"一词从"鬼"从"未"，被人们称为奇异之力、未可知力。无独有偶，在古希腊语中"魅力"（charisma）原意为"神赋的礼物"，指的就是人们所具有的非凡影响力、神授能力。在现代领导力理论中，有一个领导力的著名公式：领导力＝权力＋能力＋魅力＋魄力，从这个公式可知，魅力是领导力的一个重要组成部分。

从领导力的理论角度分析，所谓领导魅力，它由领导干部的社会影响力（施魅）与追随者的社会心理认同（赋魅）两个基本要素构成，二者相互作用、相互依存和相互统一，成为领导活动中一种必然发生的社会现象。由此可知，领导魅力主要指领导干部在领导行为过程中对追随者所施加的社会影响力；就追随者而言，它主要指追随者对领导干部的信任，心悦诚服地拥护、支持和服从，积极参与领导干部所组织与指挥的各项社会活动。在领导行为过程中，领导干部最大限度地追求和展现领导魅力，追随者自觉或不自觉地积极认同富有魅力的领导干部，这成为古今中外一切领导行为的客观现象。

◇ 三、领导形象与领导魅力的关系

在领导活动中，领导形象与领导魅力是两个既相互区别、又有密切联系的领导活动现象。首先，领导形象与领导魅力二者之间有着本质区别。领导形象是领导干部外在形体容貌与内在精神风貌的统一；领导魅力则是领导干部的社会影响力与追随者的社会心理认同，二者相互作用、相互统一而形成的一种领导活动现象。前者建立在领导干部实践行为和客观结果的基础之上，后者建立在领导干部社会影响力与追随者心理认同结合的基础之上。其次，领导形象与领导魅力，二者又有着密切联系。一个领导干部能不能够得到追随者的信任、拥护和支持，追随者心目中的领导形象往往成为至关重要的因素。领导形象是构成领导魅力的重要基础，一个不具有良好领导形象的领导干部，绝不可能具有领导魅力。

在中国当代政治家中，周恩来无疑是最具风采与神韵的领袖人物之一。周恩来那富有魅力的形象、神情、风貌和气质，不仅深深吸引着中国民众，也赢得了国际社会的高度景仰和广泛赞誉。周恩来在国际国内政治舞台上的巨大领导魅力，充分展现了具有鲜明个人特色的领导形象。这与周恩来在领导实践活动中高度重视领导形象密切相关；同时，也与周恩来童年和少年时代严格的家庭教育和学校教育有着密切关系。比如，周恩来少年时代在天津南开中学就读时，这所学校就专门制定有"容止格言"的木匾——"面必净，发必理，衣必整，纽必结。头容正，肩容平，胸容宽，背容直。气象：勿暴，勿傲，勿怠；颜色：宜和，宜静，宜庄。"木匾悬挂于学校大门口的廊道内，匾额之下专设了学生检查自身容止的巨大镜面，南开中学时代严格的容止教育，对周恩来一生领导形象的塑造产生了巨大而深刻的影响。

◇　**四、言语与领导形象、领导魅力的关系**

　　诗如其人、字如其人、画如其人，毫无疑问，言亦如其人。领导干部的言语表达是其知识积累、思想水平、工作历练和人生感悟的反映，正所谓："言为心声。"同时，领导干部在社会公务活动过程中的一言一行尽在社会公众视野之中，尽在人们茶余饭后品评之中，尽在新闻媒体报道之中，尽在网络信息流布之中，领导干部的领导形象与领导魅力也由此自然形成。一句话，领导干部以其不同时间、不同场所、不同主题的言语表达，传播政务信息、演绎执政理念、改善公共关系、塑造形象和魅力等，社会大众听其言、观其行，进而察其人品、评其气质、品其能力，逐步形成对领导干部形象和魅力的客观认识和评价。在信息化时代，领导干部一定要善于利用信息媒体，运用言语艺术，提升领导魅力，塑造领导形象，一定要深刻认识到言语表达与领导形象、领导魅力同样都是提升领导力的基本功和必修课。

第二节　领导形象塑造与魅力提升

　　领导形象是领导魅力外在的、直接的反映。塑造领导形象，既离不开领导干部自身内在素质修养和德行养成，也离不开领导干部自身外在言行举止和风貌神韵。

◇　一、塑造领导形象

在信息化时代，领导形象已经成为社会政治核心概念之一，成为提升领导魅力不可或缺的基本要素。塑造领导形象，可以从表情、举止、服饰三个最基本的方面入手。

一是注意表情。表情是人的情感状态和情绪变化的外部反映，也是社会公众认识和评价领导干部的主要表现之一。这里有三个要点：

首先是定目。常言说："眼睛是心灵的窗户。"人们的品行心性，往往透过眼睛这扇窗户显现出来。魏晋时期著名画家顾恺之每次作画总留下人物眼睛不画，直到深思熟虑后才补上。他人不明其故，顾恺之解答："传神写照，尽在阿堵（指眼睛）中。"定目要求领导干部注意保持目光稳定，即常言所说："目光要有定力。"领导干部目定是心定的外在表现，只有心定才能目定，目定才能给人以端庄、稳重印象。定目要求领导干部人际交往时要注目对方，交谈与握手都要避免目光游移不定。

其次是展眉。舒展眉头往往展示出一种积极进取的精神风貌。描述一个人高兴或者精神昂扬之时，人们总是说"扬眉吐气"；描述一个人忧愁或者精神萎靡之时，人们总是说"愁眉不展"。眉头高居面门中央，正是人们生活状态直接反映，对显示精神风貌至关重要，故称"命门"。眉头舒展，展示出积极、进取精神风貌，自然给他人一种正面、肯定印象；愁容满脸，展示出消极、萎靡精神风貌，自然给他人一种负面、否定印象。当然，眉头是表，心理才是里，领导干部只有保持阳光心态，才能真正舒展眉头。

最后是微笑。微笑总是能够给人留下美好印象。人们不能改变容貌，但是可以展示微笑。微笑是最美丽的表情，是最动听的语言，是人与人之间最短的距离。在人际交往中，微笑成为增进感情、融洽关系、有利沟通的最有效手段。领导干部注意保持微笑，对己是一种自信、坚定的表现，对人则是一种平易、亲和的形象，有助于塑造良好自身形象。公元前五世纪，古希腊哲学家苏格拉底就曾指出：微笑如同空气、阳光和水一样重要。

二是注意举止。举止是一种身体语言，也是人们风格特征的直观反映。党的十八大以来，习近平在河北太行山深处与村民炕头话家常，在甘肃养老餐厅为古稀老人端饭菜，在四川地震帐篷里亲吻幼儿，在海南村寨头戴黎族斗笠，在湖南湘西手握农妇称呼大姐，在北京街店排队品尝庆丰包子，在北国边陲踏雪看望哨所官兵……这一系列举止，深刻显示了亲民爱民为民的百姓情怀，深刻显示了质朴笃定的领导风格。在塑造领导形象方面，举止具有以下三个方面重要作用：

首先，举止具有象征意义。象征意义，通常指借助某种具体形象所生发出的丰富而深刻的寓意和蕴涵，正如人们常说的画外之意、弦外之音等。领导干部作为社会公众人物，其举止不仅是其修养、品格等内在精神风貌的直接反映，往往还能表达更加丰富的政治寓意和蕴涵，从而产生巨大而深远的影响。2012 年 12 月 7 日，习近平当选为中共中央总书记后首次赴外地考察，就来到中国改革开放的前沿广东省，走的正是 20 年前邓小平视察南方时的路线，显示了深刻政治蕴涵，释放出强烈改革信号。

其次，举止能够赢得人心。领导干部能够通过自身举止，有效实现社会沟通，广泛赢得民众认同。1970 年 12 月 7 日，西德总理勃兰特冒着凛冽寒风和雨雪来到华沙犹太人死难者纪念碑下，向纪念碑敬献花圈后，突然双膝跪在碑前湿漉漉的大理石板上，深沉祈祷："上帝饶恕我们吧，愿苦难的灵魂得到安宁。"这一跪胜过千言万语，化解了两个民族的历史积怨，赢得了世界各地人民的普遍赞誉。

最后，举止能够改善形象。领导干部身处政治舞台，经常处于舆论聚光灯下。领导干部举止，既可极大损害自身形象，也能够有效改善形象。英国首相撒切尔1982年和1984年两度访问中国期间，都曾在北京人民大会堂与邓小平会谈。从会谈新闻图片看，前次会谈撒切尔的形象显得倨傲轻慢，后次会谈则显得谦和友善。原来就在撒切尔首访中国次年，英国进行了一次民意测验，显示撒切尔民意支持率大幅下降。其政治顾问和形象设计师经过分析，发现她与人会谈时坐姿后仰，显得倨傲轻慢，这是造成民意支持率大幅下降的原因之一。因此，建议她与人会谈时改换坐姿，注意身体前倾。撒切尔照单执行，形象果然大为改观。

三是注意服饰。人是衣裳马是鞍，这句俗话高度概括了人们服饰着装的重要性。服装是人类第二皮肤，领导干部必须高度关注自身服饰着装。就塑造领导形象而言，各级领导干部必须把握以下基本原则：

首先要符合职业特征。服饰具有鲜明的职业特征，这是服饰最重要的功能之一。军人戎装，显示了军人威武；法官法袍，显示了法官庄重；学子学袍，显示了学业等级；警察警服，显示了法律庄严，等等。当然，许多行业虽无统一工作制服，但如果说，领导干部履行工作职责就是一种职业行为，那么领导干部在公务活动中，服饰干净、整齐、得体，就是一种最基本的职业规范。

其次要符合价值观念。服饰能够显示价值观念，这也是服饰的重要社会功能之一。国人十分熟悉的中山装，就是孙中山先生亲自设计的一款服装。这款服装为直翻领和有袋盖的四贴袋，深刻表现了其价值观：四个方口袋，寓意礼义廉耻；口袋盖为倒置笔架，寓意以文治国；门襟为五粒扣，代表行政、立法、司法、考试、监察五权分立；袖口缀三粒扣，代表民族、民权、民生；后背整片，代表国家统一；衣领紧闭，代表严谨治国。

最后要符合场所氛围。领导干部举止行为具有深刻的象征意义，成为社会关注焦点，切不可对公共场所着装掉以轻心，更需要注意使服饰切实适合场所氛围，即在特定的时间、特定的场合，穿特定的服饰。比如在正式的会议场所，要给别人留下一种庄重大方而又具有权威感的印象，那就适合配上一套冷色调的衣服，比如藏青色、蓝色或者浅蓝色的衣服；而倘若要去基层调研，与群众面对面地进行交流，就最好给自己搭配一套暖色调的衣服，比如咖啡色、乳白色或者棕色的衣服，可以偏休闲一点，以营造一种融洽、具有亲和力的氛围，拉近与群众的距离。

✧ 二、提升领导魅力

领导魅力是领导干部人品、气质和能力的综合反映，提升领导魅力，塑造领导形象必须从修炼领导干部的人品、气质和能力入手。

一是领导干部的人品。习近平曾强调："做人要有人品，当'官'要有'官德'。"① 这方面有两个重点：

首先要公正。2500 多年前，季康子询问什么是政治，孔子答：

---

① 习近平：《之江新语》，浙江人民出版社 2007 年版，第 3 页。

"政者，正也。"进而指出："子帅以正，孰敢不正？"领导权力源自于社会公众赋予，领导干部就是为人民服务的公仆。因此，领导干部必须解决好"为了谁、依靠谁、我是谁"的问题，首先搞清"我是谁"，切实摆正与人民的关系，不管有多大权力和名望，在人民面前都应该是学生、是公仆，领导干部的工作才能获得最广泛、最可靠、最牢固的群众基础和力量源泉，才能真正解决"为了谁"、"依靠谁"的问题。

公正是对各级领导干部人品的基本要求，也是领导魅力之魂。《论语·子路》指出："其身正，不令而行；其身不正，虽令不从。"领导干部处事公道，堂堂正正，才能做到兼听，才能获得真知，从而处世明断、决策有方，所谓："公生明。"

其次要清廉。清正廉洁是领导干部操守的底线，也是构成其人品的基本条件。一个为社会公众服务的领导干部，不具备清正廉洁这一基本品格，也就不具备从政基本资格。我国古代典籍《晏子春秋》明确指出："廉者，政之本也。"1936年，美国记者斯诺秘密访问延安，被中国共产党领袖们的廉洁作风深深折服，进而断言：它一定会产生一种伟大社会力量，并称之为"东方魔力"。1949年，国民党政权行将崩溃之时，美国驻华大使司徒雷登对国民党军官们说："共产党战胜你们的不是飞机大炮，而是廉洁，以及廉洁换得的民心。"领导干部只有廉洁自律，才能赢得追随者的爱戴和拥护，才会拥有巨大影响力和感召力，所谓："廉生威。"

二是领导干部的气质。气质指人们的生理、心理等素质。它是人相当稳定的个性特点，也指人的风度、模样。"气质"一词，语出北宋学者张载《语录钞》："为学大益，在自求变化气质。"这方面有两个重点：

ⓘ_案 例_

"中国的希望在延安"

1940年，南洋华侨陈嘉庚率团慰劳祖国抗战军民。先到重庆，蒋介石花800银元，在重庆最好的酒店盛情款待。后到延安，毛泽东招待了一顿饭，菜肴都是亲手栽种，仅花1.5元。陈嘉庚观察到：蒋介石生活"像个皇帝"，国民党人在重庆"前方吃紧，后方紧吃"；延安共产党人艰苦奋斗，毛泽东穿补丁衣、周恩来睡土坯炕、彭德怀用降落伞改作背心、林伯渠戴断腿眼镜……他断言："中国的希望在延安。"

首先是仁爱。2012年底，习近平在河北阜平县考察扶贫开发工作时引用了郑板桥"衙斋卧听萧萧竹，疑是民间疾苦声。些小吾曹州县吏，一枝一叶总关情"的诗句，并强调："我们共产党人对人民群众的疾苦更要有这样的情怀，要有仁爱之心、关爱之心。""仁"原意为人类相互同情和友爱，这是人类最重要的性格特质之一。公元前6世纪，樊迟曾问："什么是仁？"孔子回答："爱人。"孟子也指出："君子所以异于人者，以其存心也。君子以仁存心，以礼存心。仁者爱人，有礼者敬人。爱人者，人恒爱之；敬人者，人恒敬之。"自此以降，我国许多政治家、思想家都将仁爱作为君子性格特质之首。领导干部对人民群众真心诚意的仁爱，是领导干部赢得人民群众支持和拥护的关键，进而成为提升领导感召力的关键，正如《史记》所言："仁爱士卒，士卒皆争为死。"

其次是自信。常言说："一个领导干部如无自信，岂能让人们信你！"自信是领导干部感召力的基本条件之一。一个自信的领导干部不一定都能取得成功，但缺乏自信的领导干部注定一事无成。所谓自信，它是人对自身力量发自内心的一种确信，是深信自己一定能实现所追求的目标。广义讲，自信就是一种积极进取的人生意识，就是在自我评价上的积极态度。一个自信的人，一旦面临种种困难、挫折和失败，就能始终保持临危不乱的人生定力，就能始终保持奋发向上的斗志豪情，真正做到"穷且益坚，不坠青云之志"。简而言之，我们党要实现中国特色社会主义的宏伟目标，离不开道路自信、理论自信、制度自信；我们国家要实现民族复兴的伟大梦想，离不开文化自信、文化自觉、文化自强。

三是领导干部的能力。领导能力是领导干部完成一项目标或者任务所体现出来的素质和能力，虽然领导干部在履职过程中需要多种能力。然而，涉及领导干部的魅力提升有两个"重中之重"：

首先要有自省能力。自省即自我反省、自我检查。一个人只有加强自省，才能不断实现自我认识和自我完善，从而少犯乃至不犯错误。我国春秋时期思想家曾子说："吾日三省吾身"，就是要求人们本着"有则改之，无则加勉"的原则每天检查反省自己。领导干部更应该经常反思自己：对内，随时警惕自己的良心是否有所缺失；对外，始终保持自己的言行要符合内心道德。一个人如能这样严格要求自己，就会渐渐显示出人格上的光辉，真正做到"富贵不能淫，贫贱不能移，威武不能屈"。作为一名领导干部，必须始终坚定理想信念，始终保持蓬勃朝气、昂扬锐气、浩然正气。理想信念是领导干部的精神之"钙"，一旦精神上缺了"钙"，必然就会得"软骨病"，就会导致政治上变质、经济上贪婪、道德上堕落、生活上腐化，也就必然被历史淘汰、被人民唾弃。

其次要有慎独能力。慎独即个人独处、无人监督时，亦能严于律己。"慎独"一词，最早出现于古代典籍《大学》中，原文为："所谓诚其意者，毋自欺也。如恶恶臭，如好好色，此之谓自谦。故君子必慎其独也。"慎独是一种自律，更是一种坦荡。对于领导干部而言，独既是一个数字概念——指单个人，单独面对社会，面对自我；也是一种独特心态——领导干部面对权力，要常怀律己之心、敬畏之心，管得住欲望，守得住身心，保得住清醒。东汉名臣杨震赴任路过昌邑，县令王密深夜拜见恩师，怀揣 10 斤黄金呈送，杨震坚拒。王密说："这么晚了，无人能知此事。"杨震说："天知道，神知道，我知道，你知道。怎么能说没人知道？"王密羞愧而退。

习近平早在 2007 年就要求领导干部"追求'慎独'的高境界"。他深刻指出："《礼记》有云：'莫见乎隐，莫显乎微，故君子慎其独也。'党员干部要'慎独'。党员干部特别是领导干部手中往往掌握一定的权力，不仅要主动接受组织、制度的监督，而且还要不断加强自律，做到台上台下一个样，人前人后一个样，尤其是在私底下、无人时、细微处，更要如履薄冰、如临深渊，始终不放纵、不越轨、不逾矩。"[①] 因此，领导干部要做到"慎独"，就必须防止"破窗效应"，慎微慎初，防微杜渐。

---

① 习近平：《之江新语》，浙江人民出版社 2007 年版，第 272 页。

> **知识链接**

"破窗效应"

破窗效应（Broken Windows Theory）原是犯罪学的一个理论，由詹姆士·威尔逊及乔治·凯林提出。这一理论认为，环境中的不良现象如果被放任存在，会诱使人们仿效，甚至变本加厉。例如，一幢建筑有少许破窗，如不及时修理，就将诱发人们破坏更多窗户。最终他们甚至闯入建筑，就在那里定居或者纵火。因此，"破窗理论"强调要以"零容忍"的态度处置罪案，及时惩戒轻微罪案，以利于防止和减少严重罪案发生。

第三节　领导言语表达艺术

言语表达是领导干部动员、组织和激励民众的基本方法，是实现和提升领导影响力的主要手段，因此也是领导干部的必备素质之一。我国自古就高度重视官员口才，北宋时期的《新唐书·选举志》记载：唐代官吏管理制度明文规定，六品以下官吏，必须参加相应任职考试，其基本程序为先考其批文能力，合格后继之以言语论事能力，此项合格才能确定是否授予官职。"口能言之，身能行之，国宝也。"以习近平总书记为首的新一届党中央领导集体在言语表达上展示出扑面而来的清新之风，比如，"打铁还需自身硬""'老虎''苍蝇'一起打""抓铁有痕，踏石留印""鞋子合不合脚，自己穿了才知道"等鲜活语言，不仅为国人熟知传播，也引起海外好评热议，充分显示了新一届党中央领导集体鲜明的领导风格，极大提升了新一届党中央领导集体的领导形象与领导魅力。

✧ 一、精心准备与终身学习结合

各级领导干部的言语表达与写文章、起草文件等，都是领导干部文风的表现。它直接关系到领导干部自身的社会形象，也直接关系到党和政府的形象。正如习近平在中央党校 2010 年春季学期第二批入学学员开学典礼上的讲话中所指出的："文风不是小事。党风决定着文风，文风体现出党风。"因此，各级领导干部必须高度重视言语艺术，在准备功课和日常学习中下功夫。

一是必须做好准备功课。1863 年 11 月 19 日，美国总统林肯的《葛底斯堡演讲》被公认为世界最著名演讲之一。这是南北战争时期，林肯为纪念葛底斯堡战役阵亡将士而发表的一篇演讲。通篇虽然只有 272 个英文单词，时间不到 3 分钟，他提前一个星期亲撰讲稿，一周里反复修改，演讲当天凌晨 3 时起床，再度精心修改 5 个小时。他曾用一个比喻描述演讲准备："如果我有 8 个小时去砍一棵大树，那么，我首先会花 6 个小时去磨斧头。"做好准备功课，首先要求领导干部深入"田间地头"，做好深入调查研究，领导干部只有接了地气，讲话才会有底气、长灵气；其次要求领导干部在深入调查研究的基础上，进一步做好"案头功夫"，也就是要对调查得来的数据、情况，进行一番"去粗取精、去伪存真、由此及彼、由表及里"的分析过程，从而获得规律性的认识。唯其如此，领导干部的言语表达才能言之有物，才能避免长空假的问题。

二是必须做到终身学习。"言为心声"，说到底，领导干部的言语表达是其知识积累、思想水平、工作历练和人生感悟的反映。因此，领导干部善于讲话，这就不仅在于要做好每次讲话前的准备功课，更离不开平时学习与实践的积累，正如古人所言："腹有诗书气自华。"从这个意义上讲，注重终身学习是领导干部必须终身准备的"功课"。2004年，习近平在浙江工作时就曾指出："面对我们的知识、能力、素质与时代要求还不相符合的严峻现实，我们一定要强化活到老、学到老的思想，主动来一场'学习的革命'，切实把外在的要求转化为内在的自觉，成为自己的一种兴趣、一种习惯、一种精神需要、一种生活方式。"2009年，他在中央党校讲话中又强调："领导干部要爱读书、读好书、善读书。"

✧ 二、反映共性与表达个性结合

每个领导干部所从事的具体工作，都是全局与局部的统一体，即所谓共性与个性的统一体。那么，言语表达作为领导工作一项不可或缺的工具和手段，也就必然要求做到共性与个性的统一。

一是反映共性，"搭天线"。所谓"共性"，首先，就是要坚决、认真、不折不扣地贯彻落实和坚定明确反映中央和上级的精神，决不能阳奉阴违、另搞一套。毫无疑问，中央和上级的指示精神是对普遍规律的反映、全局工作的指导、共性问题的揭示，各级领导干部必须首先吃透中央和上级的指示精神，准确反映中央和上级指示精神，即所谓"搭天线"。

二是表达个性，"接地气"。所谓"个性"，就是各地实际情况。

各地情况千差万别，贯彻中央和上级精神必须紧密结合自身实际，决不可照抄照搬，不唯上、不唯书、只唯实，切实做到深化、细化和具体化。首先，要努力贴近事实。任何事物的运动都是在特定时间与空间中进行的，每一个事实都蕴含相对应的特定时间、特定空间，从而构成了这一事实不同于其他事实的个性化特征，言语表达一旦贴近了事实，必然就会富有个性。其次，要努力贴近受众。毛泽东同志在《反对党八股》一文中曾经指出，俗话说："到什么山上唱什么歌。"我们无论做什么事都要看情形办理，文章和演说也是这样。言语表达贴近受众，表达内容是受众所关切的问题，受众才会喜闻乐见；一旦贴近受众，则必然都是有关特定时间、特定地点、特定关切、特定对象的言语表达，毫无疑问也就必然富有个性。贴近事实、贴近受众，即所谓"接地气"。

◇ 三、善讲道理与善讲故事结合

言语表达要想使得听众入耳、入心，也就必然要求各级领导干部讲话必须入情、入理，把"讲道理"与"讲故事"结合起来就是一个特别有效的方法和途径。

一是善讲道理。言语表达要想令人信服，首先必须做到能够"以理服人"。这就要求必须把深刻的道理讲得通俗易懂、平白简洁。这方面毛泽东为我们做出了光辉的榜样。延安时期，毛泽东在演讲《实践论》时，为了说明掌握知识必须亲身参加社会实践活动的道理，他将深奥的哲学道理，寓于日常生活事例中。他说，世上最可笑的是那些"知识里手"，有了道听途说的一知半解，便自封为"天下第一"，适足见其不自量而已。知识的问题是一个科学的问题，来不得半点的虚伪和骄傲，决定地需要的倒是其反面——诚实和谦逊的态度。你要有知识，你就得参加变革现实的实践。你要知道梨子的滋味，你就得变革梨子，亲口吃一吃。毛泽东以深入浅出的言语娓娓道来，引得在场的教员、学员和旁听的警卫员、炊事员都深切地认识到实践的重要性。

二是善讲故事。大家都爱听故事，故事比道理更容易为人理解，而且故事中蕴含着丰富哲理。领导干部善于讲故事能够为讲话增添感人力量和迷人魅力。2013 年 9 月 7 日，习近平访问中亚四国期间，在哈萨克斯坦的纳扎尔巴耶夫大学演讲时，一连讲了伟大卫国战争期间哈萨克斯坦音乐家拜卡达莫夫帮助中国著名音乐家冼星海、61 岁中国儿子历经多年寻访找到 80 岁哈萨克斯坦母亲、海南大学哈萨克斯坦留学生鲁斯兰多次捐献"熊猫血"等三个故事，生动表达了中哈人民的深厚友谊，深深感动了现场听众，也深深感动了两国人民。

◇　四、简洁明了与幽默生动结合

早在延安时期，毛泽东就针对一些领导干部讲话、写文章长篇大论、离题万里、套话连篇等现象进行了严肃批评，斥之为"党八股"和"懒婆娘的裹脚——又长又臭"。因此，各级领导干部要增强言语艺术，必须努力做到简洁明了和幽默生动。

一是简洁明了。简洁明了是领导干部言语表达的基本要求，习近平 2010 年在中央党校春季开学典礼讲话中，曾批评一些领导干部讲话"长空假"："长，就是有意无意地将文章、讲话添枝加叶，短话长说，看似面面俱到，实则离题万里。群众形容说，这样的讲话有数量无质量，有长度无力度；这样的讲话汇集的书，有价格无价值，有厚度无深度。"领导干部讲简短的话是思路清晰的必然结果。思路清晰才能简洁明了、一语中的；思路不清，问题不明，言语表达必然是啰啰唆唆、云山雾罩。善于引用古今中外名言名句是使言语简洁明了的一个有效方法。名言名句往往经过千锤百炼，流传至今，不仅意涵丰富，而且言简意赅。

习近平 2012 年 2 月 13—17 日访问美国期间，在多种场合引用名言名句，巧妙地阐述了多个严肃和重大话题。他引用英国十六七世纪著名哲学家培根的名言"善于识别与把握时机是极为重要的"，引用美国一位著名作家的格言"黄金时代在我们面前而不在我们身后"，突出强调中美关系应当把握住难得的发展机遇；引用邓小平的名言"摸着石头过河"，引用中国电视剧《西游记》插曲中的名句"敢问路在何方，路在脚下"，生动比喻中美关系的发展需要中美两国共同开拓；引用美国开国总统华盛顿的名言"衡量朋友真正的标准是行动，而不是言语"，鲜明表达出期待美方切实尊重中方的核心利益和重大关切；引用中国古代著名诗人辛弃疾《菩萨蛮》中的名句"青山遮不住，毕竟东流去"，充满信心地表示中美的友好与合作是大势所趋、不可逆转。

二是幽默生动。幽默生动既是领导干部知识和智慧的表现，又能取得良好的沟通效果。2014 年 6 月 17 日，李克强出访英国期间与卡梅伦首相共同会见记者时，人们原以为中国总理会对英国BBC 记者的刁钻提问感到不适，然而，他应对提问轻松自如、幽默生动。英国《卫报》《每日电讯报》等当地媒体认为，他的回答"十分幽默""非常外交"，赢得英国朝野广泛好评。言语表达幽默生动，"巧解法"就是一种常见方法。其幽默生动是因为当人们通常以"此法"认识、评说一个事物时，有人却以"彼法"认识、评说同一事物，往往就能产生幽默生动的效果。我国前任外交部部长李肇星的山东口音很重，在记者招待会过程中，有记者当面指出这一"问题"，李肇星机巧回答："山东口音也确实难改，因为它是孔子、孟子、墨子、孙子的口音，历史的积淀太厚重了。"

▌ 本章小结 ▌

　　本章以塑造领导形象、提升领导魅力和增强言语艺术为主要内容，分别阐述了领导形象与领导魅力的内涵、要素，以及塑造领导形象与提升领导魅力之间、言语表达艺术与塑造领导形象、提升领导魅力之间的相互关系；从内在的人品、气质和能力等方面，从外在的表情、举止和服饰等方面具体阐述了塑造领导形象和提升领导魅力的途径和方法；并着眼于网络信息时代的特点，阐述了领导干部应如何运用言语表达的艺术。

✎ 思考题

1. 结合自身工作经历和时代特点，谈谈应该如何有效塑造领导形象和提升领导魅力。
2. 根据领导干部言语表达的基本要求，思考自己在言语表达方面需要进行哪些改进。

第 七 章

领导媒体沟通力与危机应对艺术

习近平在中央党校 2009 年春季学期开学典礼上强调，各级领导干部要提高六个方面的执政能力，其中就包括提高同媒体打交道的能力和提高应对风险的能力。善于同媒体打交道，能够有效运用媒体，积极引导社会舆论，保持社会稳定，维护国家安全，这是网络信息社会领导干部所必须具备的领导力。在当前和今后一个时期，国情和世情将继续发生深刻变化，我国公共安全面临的形势更加严峻，领导干部面临的应急管理任务更加艰巨。因此，领导干部需要夯实应急管理的基础，提高危机应对的领导艺术。

第一节　领导干部的媒介素养

媒介素养是指一个人对媒体的认知能力以及对媒体信息进行解读、批判和运用的综合素质和能力。在信息网络社会，媒体在现代治理中的作用越来越重要，提升媒介素养已经成为各级领导干部提升领导力的重要着力点。领导干部的媒介素养主要有三个方面的内涵：一是要树立正确的媒介观，了解媒体的性质、功能和特点。二是要提高同媒体打交道的能力，善于运用媒体引导舆论，化解危机。三是要加强媒体关系管理，寓管理于服务之中，营造良好的媒体环境。

◇　一、树立正确的媒介观

利用媒体来发动群众、组织群众、教育群众、引导群众，是我们党的优良传统和卓有成效的领导方式。但近年来，随着网络媒体的出现和媒体市场的开放，"防火、防盗、防记者"竟然成了一些领导干部面对媒体的普遍心态，"应对媒体"或"媒体应对"成为一些领导干部培训班的主要课程。实际上，类似"媒体应对"这样的提法都已经是落后的媒介观，它直观折射出一些领导干部与媒体打交道时心理的恐慌甚至恐惧。领导干部树立正确的媒介观，要认识到媒介既是进行舆论引导和媒体沟通的重要载体，也是做好领导工作的必备工具。

一要了解媒体的性质和功能，善待媒体。美国麻省理工学院政治学与语言学教授乔姆斯基认为，我们今天看到的事实都是"媒介化的事实"。也就是说，媒介在传递客观信息的同时，也自觉或不自觉地把自己的认识和看法融入其中，从而对社会民众产生积极或消极的影响。换句话说，人们对社会现实的认知和态度在某种程度上是由媒体构建的。在这样的"媒介化社会"中，领导干部一定要正确认识媒体的社会功能，不能把媒体和记者视为对手，而是要以开放的心态善待媒体，将媒体作为密切党群干群关系的重要纽带，支持记者对事实真相的探询和质疑，保护记者的知情、采访和人身安全等各项权利，并进一步寻求合作、谋求共赢。

二要把握媒体特点和传播规律，善用媒体。当前，媒体数量越来越庞大，从不同的标准可以有不同的分类。从介质上可以分为平面媒体、广播媒体、电视媒体、网络媒体、移动媒体，从导向上可以分为主流媒体（党报党刊）和非主流媒体（市场化媒体和小报小刊），从归属上可以分为国内媒体和境外媒体，等等。不同的媒体具有不同的特点，其信息诉求也大不相同。日报、周报和杂志，其采访要求大相径庭，党报和社会生活类报纸的关注点也存在明显差异。此外，随着互联网的发展，微博微信等新媒体，突破了传统媒体的"把关人"的作用，实现了裂变式传播，形成了开放的公共话语空间，既激发了人们前所未有的表达意识，有时也难免成为大量虚假信息和谣言的温床。时至今日，过去的"自上而下"的管控方式已远远不能适应新媒体的发展形势。因此，只有充分了解各种媒体的不同特点，努力把握相应的传播规律，才能更加有效地运用媒体，服务党和政府工作。

 知识链接

新 媒 体

新媒体，是信息互联网技术基础上出现的媒体形态，如数字电视、数字电影、数字杂志、数字报纸、数字广播、手机短信、互联网、移动互联网等。相对于报纸、杂志、广播、电视四大传统意义上的媒体，新媒体被形象地称为"第五媒体"。新媒体具有互动性、数字化、移动化、融合化、全天候、全覆盖等突出特征。

三要正确面对舆论监督，习惯与媒体"共舞"。今天，无论是媒体的监督意识，还是群众的权利意识都在不断增长，形形色色的"网络官"，正是传统媒体和网民合力行使监督权力的结果。因此，各级领导干部要有主动接受监督的意识和心理准备，通过舆论监督及时发现问题和不足，深入了解社情民意，增强领导工作的前瞻性和预见性。要正确面对和坦然接受舆论监督，适应在"聚光灯""显微镜"和"放大镜"下工作和生活。领导干部对于媒体的质疑和批评要保持理性克制，避免恶意推测，避免恶意攻击；对于不实报道，要尽量摆事实、讲道理，正面纠正错误；对于不慎说错话和办错事的行为，要真诚道歉、承认错误，并勇于承担责任。

◇ 二、提高与媒体打交道的能力

习近平强调，做好舆论引导工作"关键是要提高质量和水平，把握好时、度、效，增强吸引力和感染力，让群众爱听爱看、产生共鸣，充分发挥正面宣传鼓舞人、激励人的作用"。[①] 当今社会，媒体资源已成为执政资源的有机组成部分，媒体资源使用得当，推动工作往往会取得事半功倍的效果，因此，各级领导干部一定要提高同媒体打交道的能力，借助和运用媒体，提高执政能力。

一要明确宣传的目的。首先，要熟知自身的基本情况，明确宣传重点。要清楚地知道：哪一阶段有问题？哪一场合有记者？哪些事件有反应？哪些项目有麻烦？哪些政策要解释？哪些群体要疏

---

① 《习近平在全国宣传思想工作会议上强调：胸怀大局把握大势着眼大事　努力把宣传思想工作做得更好》，《人民日报》2013 年 8 月 21 日。

导？其次，要清楚当前的宣传目的。是宣传新政策，还是塑造新形象？是表明态度，还是宣传成效？再次，要把握宣传工作的节点。在最佳的宣传时机，以最适合的宣传手段开展宣传。最后，要提前准备宣传方案。要准备好宣传的步骤、方式方法和具体内容，做到有备无患、胸有成竹。

二要借媒体之力做好正面宣传。首先，建立和完善新闻发言人制度，通过定期的新闻发布，主动发布信息、设置议题，使媒体自觉地围绕政府部门所发布的议题来进行报道。其次，充分运用政府网站和政务微博，及时公开政务要闻和动态，保持与公众的沟通与互动。再次，顺应新闻规律，运用传播技巧，有目的地策划新闻事件，在关键时刻、重大问题上牢牢把握话语权。最后，

◆◆〉**知识链接**〉•

新闻发言人制度

新闻发言人作为一种"制度"，其内容涉及政府的重大事项、重要活动、社会关注的热点问题、海内外关注的问题、重大突发事件、公共政策、公共服务、政府决策等所有与公众利益直接相关的问题，针对这些内容提供的一种接受公众公开咨询、质询和问责的制度安排。我国新闻发言人制度起始于 20 世纪 80 年代。1983 年 4 月 23 日，中国记协首次向中外记者介绍国务院各部委和人民团体的新闻发言人，正式宣布我国建立新闻发言人制度。

根据工作需要来决定与媒体沟通的方式。是主动给记者发传真，还是开新闻发布会或媒体见面会接受采访？信息是提供给一家媒体、几家媒体，还是全体普发？是先说后做，或是先做再说，还是边做边说？这些都应根据工作需要灵活掌握。总之，通过媒体的正面宣传，要让群众了解政府的工作程序，认可政府的工作思路，理解政府的实际困难，支持政府的具体措施。

三要做好突发事件舆论引导。正反两个方面的案例都表明，谁掌控了舆论主导权，谁就能化险为夷，最大限度地减轻危机造成的负面影响，甚至还能化危为机，变坏事为好事。在社交化和移动化的全媒体时代，一旦发生突发事件，迟说不如早说，被动说不如主动说。因此，首先，要制定突发事件舆论引导应急预案，明确突发事件舆论引导的权责和流程等。其次，要在突发事件发生后，主动引导舆论，及时公开信息，做突发事件新闻的"第一定义者"。再次，要建立部门之间的信息联动和沟通机制，确保政府信息的权威性和准确性。最后，要为媒体采访报道提供必要的方便条件。

四要善于接受媒体采访。受"敏于行而讷于言"的传统文化影响，很多领导干部对媒体采访退避三舍，怕说错话、表错态。事实上，开放政府与封闭政府区别之一就是政府官员能够直接面对公众、政务在阳光下运行。因此，领导干部要克服不愿意面对媒体的畏难心理，善于通过接受采访来传递信息，表明政府立场和态度。在接受媒体采访时，要能驾驭局面，引导记者而不是让记者牵着鼻子走。要学会表态，展示高效、务实和负责任的政府形象。同时还要善用技巧，通过讲故事、摆事实、列数据来表达观点、说明问题、塑造形象。

◇ 三、加强媒体关系管理

对领导干部来说，媒体既不是敌人，也不是朋友，而是合作伙伴。媒体关系管理是指通过建立与媒体之间的互利互惠关系，实现与媒体的有效沟通与合作共赢。从西方政府与媒体关系的发展来看，基本上经历了从媒体管控（Media Control）到媒体管理（Media Management），到媒体合作（Media Cooperation），再到将媒体视为客户（Client）的过程。为了提高社会治理水平，各级领导干部在加强媒体关系管理时应该注意把握以下要点：

一要树立共赢意识。对待媒体记者既不能一味去讨好，刻意去套近乎、拉关系；也不能避而远之、不理不睬、无可奉告。既不能高高在上、指手画脚，更不要另眼看待、视为另类。要在平等的基础上，与媒体记者交往、交流、交友，彼此支持，相互合作，实现共赢。

二要建立和保持与媒体的经常性联系。首先，要以资深记者和跑口记者为重点建立媒体关系网。其次，要经常邀请参加活动或安排非正式的聚会以保持联系。再次，要保持经常性沟通，第一时间通报相关信息。最后，要跟踪关注媒体报道，并及时回馈相关信息，探讨相关报道。

三要为记者提供信息服务。从新闻生产的角度说，记者需要信息，而政府占有全社会主要的信息资源，这一特定的供需关系决定了政府应该主动通过提供新闻线索、组织新闻发布、组织记者现场采访等方式为记者提供新闻信息，以满足他们的发稿需要。

四要寓管理于服务之中，做好媒体采访报道的管理工作。为媒体采访报道提供必要的方便条件，无疑是建立良好的媒体关系的重要手段。但需要注意的是，必要的方便条件并不是吃好住好，而是及时提供媒体所需要的信息。更重要的是要做到提供服务不能忘记管理、不能忘记引导，要有意识地把管理和领导寓于服务之中，在善待媒体的同时做到善管媒体。

第二节　全媒体沟通力的提升

今天，电视、报纸、广播、杂志、新闻网站、政府网站、微博、微信等各种媒体组成了上下互动、内外互动、虚拟世界与现实世界互动的错综复杂的全媒体格局。各级领导干部必须下功夫建设好、运用好、管理好全媒体，提升全媒体沟通力，使其成为党和政府联系群众的重要纽带、推动社会和谐的重要力量。

▲ 人民日报系的全媒体家族

◇ 一、强化全媒体话语权意识

通过我国新疆"7·5事件"和美国"占领华尔街运动"等中外事件可以看出，一条信息经过几何式裂变，可迅速引爆舆论，引发群体性事件甚至政治危机。在信息社会中，信息成为重要的权力资源，话语权成为领导权的重要组成部分。因此，各级领导干部一定要强化全媒体话语权意识，在全面深化改革的进程中牢牢把握话语权，为改革发展赢得深厚的群众基础和社会认同。为此，必须切实做好以下三个方面的工作。

一是坚持正确的政治方向。党的十八大报告强调："牢牢掌握意识形态工作领导权和主导权，坚持正确导向，提高引导能力，壮大主流思想舆论。"因此，各级领导干部要负起政治责任和领导责任，加强对宣传思想领域重大问题的分析研判和重大战略性任务的统筹指导。要发挥党新闻宣传的看家本领，在事关大是大非和政治原则问题上，增强主动性、掌握主动权、打好主动仗，帮助干部群众划清是非界限、澄清模糊认识。要坚持党性和人民性相统一，唱响主旋律，传播正能量。要开展舆论斗争，对恶意攻击、造谣生事等错误言论敢于回击，决不能盲目地、不加区分地去迎合西方的价值理念。

二是做好全媒体群众工作。首先，要坚持走网络群众路线，充分尊重网民的知情权、参与权、表达权和监督权。围绕涉及公众利益的重大事项，主动引导公众参与讨论。要体会网民用意，学会网言网语，与网民进行心灵的沟通，有效引导网民回归事实、回归理性、回归法治轨道。其次，要建立网络统一战线。善于与各种爱国力量进行网络协商，寻求和实现共同利益。要因势利导，引导"意见领袖"谨慎地用好"拇指话语权"，以法治、善治和专业精神为原则，共同建设网络公共领域。在国际博弈中要把握主导权和话语权，维护和拓展国家利益。

三是打通两个舆论场。打通官方和民间"两个舆论场"，要上网研究和理解各个阶层、各个群体观察和解决问题的角度，科学设置议题，积极解决问题。善于把网络当做社会经络，迅速找到社会的痛点，准确诊断社会的病理，从而辨证施治。要在准确判断舆情、坚持真实客观的基础上，与网络舆论场良性互动，进行对话与交流，既不能迎合网络舆论，也不能无视网络舆论，而是要在网络舆论与主流舆论之间找到"最大公约数"，凝聚起最广泛的共识。

◇　二、创新全媒体沟通方式

2013 年 8 月 19 日，习近平在全国宣传思想工作会议上的讲话中强调，各级领导干部要树立大宣传的工作理念。所谓大宣传，也就是全党和全国人民共同参与的宣传思想工作。因此，领导干部要切实树立"网络就是机遇"的新观念，创新全媒体沟通方式，提升全媒体沟通能力。为此，必须做好以下四方面的工作：

一是推动信息公开。要建立阳光政府，让公共政策透明、权力运行透明，让群众看得到、听得懂、能监督。要完善新闻发言人制度，把政务信息及时准确地传达给社会公众，表明态度和立场。对重要舆情和社会热点问题，要积极回应、答疑解惑。

二是加强网络民主决策。善于通过"网上议事厅""网络问计"等形式，进行网络民主决策。首先，要重视"策"，通过网络平台，确定公共议题，让网民畅所欲言。其次，要重视"选"，从网民意见建议中选出合适的建议。再次，要重视"合"，和网民合作协商，制定正确的公共政策。最后，要重视"传"，通过网络传播，让公共政策深入群众之中。

三是完善网络问政制度。要把网络问政与建设服务型政府结合起来，强化网络问政工作部门，积极完善以问、办、评、改为主要环节的网络问政机制。问是网民问政，提出问题和要求、意见和建议。办是留言办理，建立网络问政督办制度，限时办理，限时反馈。评是共同评价，把群众评议与干部绩效考核和任用挂钩，激励领导干部积极回应网民关切。改是改善治理制度，及时整改网络问政中暴露的问题，建立更加完善的体制机制。

四是做好网络舆论引导。要切实把握舆论引导的时机。舆情事件发生后，一定要第一时间进行快速而有效的回应，但舆论引导并不总是"抢"的问题，也有"缓"的学问。有些热点问题的事实并没有完全呈现，各方还有较大争议，就需要适当缓一缓、看一看，不能盲目作判断、匆忙下结论。同时，还要切实把握媒体沟通的火候。舆论引导贵在掌握火候、拿捏分寸，讲究适时适度。有选择性地淡化问题和强化问题，不要轻易把点上的问题说成面上的问题，把人的问题说成体制机制问题，等等。

◇ 三、提升网络危机应对能力

从近些年情况看，各级领导干部面临的各种危机中，一般都有网络媒体在发挥作用。因此，领导干部一定要树立"网络蕴含风险"的危机意识，善于运用全媒体，凝聚各方力量，化解网络危机。为此，必须把握以下三方面的工作重点：

一是及时启动应急预案，掌握应对危机主动权。一旦发现舆情信息，领导干部必须以最快的速度作出反应，正确分析研判舆情，迅速启动应急预案，早发现、早预警、早处置。要在第一时间发布权威信息，第一时间表明立场态度，占领信息制高点，先声夺人，消除网民困惑。随后，通过主流报纸、广播、电视深入报道事件发生的背景、原因等，告知公众事件的详细过程、调查进展。

二是快速展开真相调查，高度重视回应民意。发布信息时一定要反复核实信息源，确保能够经得住网民"挑刺"。千万不要因微小的误报、漏报加重网民的质疑甚至误解，影响党委和政府公信力，引发"次生危机"。要动态发布，随着事件调查的进展不断跟进式发布即时信息，既满足公众知情需要，又有利于事件的解决。要根据舆情的内容、性质、影响和关注程度等因素，合理确定动态发布周期。

三是全力化解网络危机，赢得舆论主导权。应对网络危机，要善于变被动为主动，准确把握舆论引导的方向和重点，针对网民的质疑，主动答疑解惑。领导干部要学会换位思考，考虑相关主体的立场、感情和需要，满足网民的合理要求，追查有关部门当事人的责任，调整和完善相关政策、法律和制度，在此基础上把握网络危机舆论发展的方向，从而转危为机，赢得主动权。

◇　四、切实加强网络治理

与传统媒体不同的是，网络不仅仅作为一种媒体在反映着社会现实，它自身也成了一种社会形态并成为现实社会的一部分。随着网络社会对现实社会干预力量的增强，必须加强网络治理，建立和完善互联网管理领导体制，坚决维护网络安全。

要以网络为统筹协调各项工作的抓手，建立跨党委政府、事业单位、社会组织和普通网民的"政—民—事一体化协调机制"，建设党和政府与社会各界合作共赢的生态圈，要重视主流新媒体网站，充分发挥它们在互联网治理中的作用。例如，地方领导干部要关注人民网等中央网络媒体的地方领导留言板，认真对待每条留言。要善于与公益组织合作，推动社会公益事业的发展；还要善于与互联网企业合作，引导经济社会转型升级。加强网络治理，必须把握以下四方面的工作重点：

一要建立网络秩序维护机制。针对网络与信息安全、个人隐

◆ 〉**知识链接** 〉

中国中央人民政府门户网站的新面目

中华人民共和国中央人民政府门户网站面目焕然一新。在门户网站上，首先，是以单向信息发布为主的政府 1.0 栏目，主要包括国务院领导介绍、新闻、政策发布、数据和国情等。其次，是体现政民互动的政府 2.0 栏目，也就是"问政"板块，包括回应关切、在线访谈、网友留言和意见征集四个栏目，尤其是开辟了"我向总理说句话"栏目，引导网民直接与总理互动。特别值得注意的是政府 3.0，各级各地政府通过微博微信和网民群众互动。从 Gov2.0 到 Gov3.0，实现了政府门户网站与社会网络平台的融合，将会提高政府和社会的协同治理能力。

私、青少年保护和知识产权等突出问题，加强政策调整和监管创新，强化经济、技术、法律等手段的综合运用，大力推动行业自律和公众监督，构建全方位的社会化治理体系，着力打造安全、健康、诚信的网络环境。领导干部既要不断强化政策和制度的规制能力，以"有形的手"治理有害信息；又要充分遵循网络传播规律，以"无形的手"调节网络生态，发挥互联网的自我净化功能，形成互联网治理的合力，确保网络正确运行和安全。

二要建立网络文化创新机制。信息不仅成为权力的来源，而且成为人们生活意义的来源。网民既是网络文化的顾客，也是网络文化的创客，在网络创作中繁荣网络文化。各级党委政府要重视支持网络文化产品的创作生产，关注网民的日常生活世界，引导网民在体验中增进认同。从网络规制到网络文化，要刚柔相济、以文化人，让网民在文化传播和文化创造中体验到幸福和快乐。

三要牢固树立网络安全意识。没有网络安全，就没有国家安全。当今世界，围绕互联网的全球战略布局加快、国际竞争加剧，网络空间成为继领土、领海、领空和太空之后的第五空间，保卫网络安全，保障网络空间国家利益成为新的战略任务。在日益严峻的国际网络空间形势下，我国需要全面建立网络安全的战略布局，积极参与并开展网络安全立法，构建信息科技自主创新和信息技术方面的中国话语权，打造网络保护体系。

四要强化网络安全管理。首先，全力维护信息情报安全。探索建立互联网新技术新业务信息安全评估体系。深入推进安全等级保护、安全评测、风险评估等基础工作，强化域名体系等互联网基础设施安全保障，加大网络安全监测、冗余备份等安全基础设施建设力度，加强对增值电信业务、移动互联网和智能终端的网络安全监管工作。其次，全力维护网络系统安全。加强内部网络系统的安全防范，提高专用控制软件安全意识，强化电子签名、数字证书应用安全管理。认真对待涉及国家关键基础设施的安全问题。最后，全力维护意识形态安全。要加强对新闻网站等内容提供商的管理，坚决防止国外敌对势力通过互联网进行非法活动，策动"颜色革命"。

第三节　危机应对的领导艺术

当前，我国正处于改革攻坚期和矛盾凸显期，在经济平稳增长、社会总体稳定的同时，公共安全形势不容乐观，各种传统的和非传统的、自然的和社会的风险和矛盾共生。因此，各级领导干部要牢固树立忧患意识，居安思危，切实增强责任感和紧迫感，夯实危机管理的基础，提升危机应对的领导艺术。

◇　一、危机管理与危机领导

一般来说，根据是否对整个社会的基本制度、主流价值观和社会秩序形成根本性挑战，可以把危机事件基本分为两类：一类是"外在性风险"危机事件，政府与当事方具有立场与目标的一致性，比如自然灾害、事故灾难、公共卫生事件等危机。另一类是"内在性风险"危机事件，政府与当事方的立场与目标上是有分歧的，甚至是对立的。这种危机事件有时将矛头直接指向基本制度、主流价值观或社会结构，挑战现存秩序的合法性和正当性，对社会的威胁很大，比如一些性质恶劣的群体性事件。

不同类型的危机，应对的方法和艺术也不同。通常来说，应对外在性风险危机，要以危机管理为主。危机管理强调技术，追求秩序，主要方法是对事件的控制和管理，重在消弭危机和解除危机。应对内在性风险危机，则要加强危机领导。危机领导重视艺术，追求人和，主要方法是对人的引导和疏导，重在变逆境和挑战为机会，重在面向未来化危为机。

有些领导干部对应急管理常常强调有余，而对应急领导往往重视不足。这主要与近些年来危机事件的出现总是以外在性风险为主有关，比如，各种自然灾害及次生灾害、安全生产事件、公共卫生事件等。但随着改革的深化和利益格局的调整，社会的内在风险不断增长，导致群体性事件频发，这就对领导干部应对危机的能力提出了新挑战。如果说外在性风险危机在很大程度上是可以通过危机管理来把事情搞定，那么，应对内在性风险危机则需要技高一筹的危机领导艺术来化解，需要对相关群体进行思想认识上的引导和心理情绪上的疏导，以稳定情绪、抚平人心。危机管理重在"息事"，危机领导重在"宁人"，二者优势互补，缺一不可。

"每临大事有静气"。危急关头，只有领导干部"不急"，干部群众才能"应急"。领导干部最需要的是要有足够的定力，关键时刻要比普通群众更快地度过第一冲击波。即使震动很大也要镇定如常，因为惊慌失措有很大的传染性。如果领导干部先乱了方寸和阵脚，后续的处置措施可能就会一再出错。"智者不惑"，领导干部在关键时刻要保持理智，从容应对，不为任何风险所惧，不为任何干扰所惑。面对偏激行为和失控的情绪，领导干部一定要顶得住压力，听得进闲语，经得起冲击，保持镇定和冷静，做到克制忍让，不被群众的情绪牵着走，避免感情用事，防止急躁盲动，引发事态

ⓘ _ **案 例** _

第一时间抗击芦山地震

2013 年 4 月 20 日中午 13 点 10 分，距离四川芦山县发生地震仅五个小时，李克强立即乘坐专机飞往灾区。一上飞机，李克强就紧急召开现场会，要求各有关部门要全力以赴投入抗震救灾，把抢救生命放在第一位，确保受灾群众有安全住所、有安全饮水、有饭吃。下午15:55，搭乘直升机，第一时间赴震中龙门乡；17:30，在龙门乡临时搭建的救援指挥部部署救灾，经历四级余震。20 日夜，李克强总理在临时搭建的帐篷里度过了震后的第一夜。

进一步扩大。"勇者不惧"，领导干部要善于洞察形势，冷静判断情况，果断做出处置。危机关头最忌讳的就是犹豫不决，当断不断，贻误解决问题的时机。

❖ 二、夯实应急管理的基础

领导干部要高度重视危机应对工作，坚持预防与应急相结合，常态与非常态相结合，做好应对突发事件的各项准备工作，夯实应急管理的基础。

一要推进应急管理体制机制建设。首先，积极推进应急管理工作常态化，不断完善决策机制。建立强有力的应急管理组织体系，进一步理顺职能部门及专业应急指挥机构之间的职责关系。其次，强化应急工作的综合协调，打破部门界限，衔接、统筹、调动各种资源，实现快速反应、高效运转。再次，健全隐患排查监控机制，依法落实隐患排查监控责任，完善对各类隐患的排查、登记、评估、检查、监控制度。然后，强化监测预警机制，不断拓宽信息报告渠道，扩大预警信息覆盖范围。最后，完善信息报告和共享机制，加强信息发布、舆情分析和舆论引导工作，把握正确的舆论导向。

二要加强风险监控预警。突发事件有其萌芽、产生、发展的演变规律。主动防范和积极应对突发事件，首先，要建立健全各项制度机制，真正把风险排查、监控和预警作为一项常态化、制度化、规范化工作贯彻落实到位。其次，要结合工作实际进行风险隐患和风险动态的分析评估，及时发布风险预警。社会稳定风险评估要注意掌握各大媒体和网络舆论动态，并通过投诉、监督、信访等各种途径和渠道掌握收集各种信息，监控风险动态。最后，要坚持"预防为主"的方针，对各类风险隐患实行拉网式排查，坚持早发现、早控制、早处置，做到整改责任、措施、资金、期限和预案"五落实"，主动采取风险防范和应对措施，防止风险扩大演变成突发事件。

三要完善应急预案体系。一方面，要提高应急预案的覆盖率，实现"纵向到底，横向到边"，预案的制定既要考虑到普遍存在的问题，又要仔细、深入研究特殊问题，对可能出现的情况要尽可能预见到，以确保各项措施执行有力，还要注重各级各类预案的衔接与配套，形成完善的预案体系，并通过有针对性的应急演练，检验应急预案的实效性。另一方面,要认真总结反思近年来突发事件应对的经验教训,及时组织修订、完善应急预案,不断增强预案的科学性、针对性、可操作性。

四要做好应急宣教工作。要以法律法规为依据,综合运用多种宣传手段,调动社会各方面资源,提升社会动员能力,并建立长效机制。充分发挥广播、电视、出版、报纸、网络等媒体的作用,宣传普及突发事件预防、避险、自救、互救和应急处置知识,深入开展应急管理"四进":进社区、进农村、进学校、进企业活动,争取社会各界的理解和支持,增强广大人民群众的安全风险意识,提高全社会防范应对突发事件的能力。

五要抓好基层应急队伍建设。要不断深化应急救援工作试点,形成城乡一体化的应急救援力量体系,加强专业应急救援队伍建设。同时,强化应急救援演练,推动应急演练朝着制度化、规范化、经常化的方向发展,切实提高救援效能。要充分发挥各级各类应急指挥机构的统一指挥协调作用,完善各级各类应急队伍之间的联动机制,建立各类应急队伍及救援装备统一调度、快速运送、合理调配、密切协作的工作机制,形成有效处置突发事件的合力。

◆ 三、运用危机应对的领导艺术

夯实应急管理的基础之后,领导干部就要在运用危机应对的领导艺术方面多下功夫。

一要坚持"统一领导,分级负责"的原则。应对各种危机最重要的就是加强党的统一领导。强调统一领导并不意味着任何时候主要领导都要冲到一线直接指挥。领导是管方向、管全局的，具体应急任务又要充分体现各级政府分级负责的原则，尤其是要注意发挥当地政府和职能部门的作用。

一般情况下，要让能"听到炮声"的人在现场直接指挥，因为他们最了解情况，能够迅速有效进行现场处置，抓住解决危机的最佳时机。同时，也有利于调动当地政府和现场领导干部的积极性和创造性，增强他们的责任意识和担当精神。强调分级负责并非意味着高层就撒手不管了，而是说高层领导一般情况下不要过度介入，而是要密切关注态势，随时掌控全局。

二要处理好及时回应与沉着应对的关系。在危急关头，优秀的领导干部总是能处变不惊、指挥若定。情况越是危急，领导干部就越不能着急，这是运用危机应对领导艺术的先决条件和基本保证。领导干部及时回应危机，要放得下架子、不在乎面子、提得出点子、指得出路子、镇得住场子。对符合法律法规和政策规定的，要当场表明解决问题的态度；对无法当场明确表态解决的，要责成有关职能部门限期研究解决；对因决策失误或工作不力而侵害群众利益的，要公开承认失误；对不合理要求，要表明态度、坚决拒绝，同时还要有针对性地进行法制宣传，引导和教育群众知法守法。

强调对危机的及时回应并不是说越快越好。是及时回应还是沉着应对，要具体问题具体分析。有时候要艺术地配置时间资源，根据情势有意拖延解决时间，因势利导，等候最佳时机，再事半功倍地巧妙处理。

三要处理好原则性和灵活性的关系。根据决策所处情境的不同，可以把决策分为常规决策和非常规决策两种类型。常规决策就是日常领导活动中的决策，要遵循科学的决策原则和步骤。对于突发事件中的非常规决策，因为事态紧急，领导干部往往没有充分进行调查研究和咨询专家的时间，这就要根据平时积累的决策经验、直觉和智慧，进行大胆决断、灵活处置。

美国华盛顿大学领导力学者菲德勒通过实证研究发现，日常决策时，领导者的智力比领导经验更管用。但在情况紧急时，领导经验比领导者的知识和智力更重要、更能发挥作用。一般说来，应对危机更要依靠领导干部自身的见识、经验、智慧和勇气。

领导干部应对危机的原则性主要体现在善用法治思维和法治方式。应对危机不能因为事态紧急就忘了法治，甚至用灵活性破坏原则性。群体性事件总体上来说属于人民内部矛盾的占多数，很多时候参与者的合理诉求与表达的不合法手段相交织，多数人的合法要求与少数人的无理取闹相交织，现实问题与历史遗留问题相交织，群众的自发行为与别有用心的人插手利用相交织，处理起来难度很大。在处置现场，领导干部必须坚持慎用警力、慎用武器警械、慎用强制措施的原则。强调慎用警力，不是绝对不用。如果现场有严重暴力行为，严重影响到社会稳定，就要把握先机，争取主动，一次性用警力处置到位。

领导干部应对危机在坚持原则性的同时，还要在策略方面注重变通，善于灵活应对。比如，日常决策应该严格遵守的一些决策环节就要尽可能地省略，不能死死抱着决策程序的条条框框不放。此外，领导干部要把握事态进展，根据决策实施情况，随时对决策进行及时修正。危机应对永远没有最优决策和十全十美的方案，但却可以在此后的实施中逐步优化。

四要把使用干部与培养干部结合起来。运用危机应对的领导艺术要善于把使用干部和培养干部结合起来，既要依靠干部去应对和处置危机事件，又要借助危机事件来锻炼和培养干部。要知人善任，善于把那些有胆有识的干部放在一线去施展才华。同时，还要善借危机来锻炼和考察干部，特别是要有意识地让优秀青年干部去现场经受锻炼和考验，提高他们危机应对的能力，增强他们的责任意识和担当精神。

■ 本章小结 ■ ⋯⋯⋯⋯⋯

　　在全媒体时代，传统媒体与新媒体深度融合拓展了领导干部宣传和沟通的空间。同时，移动互联网的兴起推动了自媒体的普及，"人人都有麦克风"，也给领导干部带来了挑战和机遇。领导干部要树立全媒体意识和互联网思维，善于通过全媒体唱响主旋律，打好主动仗，弘扬正能量。同时，面临传统的和非传统的、自然的和社会的各种风险共生的严峻的公共安全形势，各级领导干部要牢固树立忧患意识，居安思危，切实增强责任感和紧迫感，在夯实应急管理的基础上，努力提高危机应对的领导艺术。

重要术语解释

　　媒介素养：是指一个人对媒体的认知能力以及对媒体信息进行解读、批判和运用的综合素质和能力。对领导干部而言，媒介素养的内涵主要有三点：一是要树立正确的媒介观；二是要提高同媒体打交道的能力；三是要加强媒体关系管理。

　　全媒体：是指信息通过广播、电视、报纸、互联网和移动互联网等不同媒介形态的全方位传播，实现信息在全球范围内的传播，其典型特征是传统媒体与新媒体全面互补、网络媒体的全面互融，以及自媒体形式的不断创新和发展。其中，广播、电视和报纸被称为传统媒体，互联网和移动互联网被称为新媒体，而微博、微信等又被称为自媒体。

思 考 题

1. 领导干部应如何提升媒介素养？

2. 领导干部应在哪些方面提升媒体沟通力？

3. 领导干部应如何提升危机应对的领导艺术？

第 八 章

领导创新力与推动改革的艺术

党的十八届三中全会吹响了全面深化改革的集结号。全面深化改革从根本上说是为了更好地坚持和发展中国特色社会主义制度，推进国家治理体系和治理能力现代化，这是根本方向，必须毫不动摇。全面深化改革需要加强和改善党的领导，这就要求各级领导干部提升领导创新力，运用推动改革的领导艺术。习近平指出："在改革开放的新形势下，除了要求领导者要有解放思想、实事求是的基本素质之外，最重要的是必须具备创造性。具有创造性的领导者，才能善于领导改革，推动改革，把工作搞得生气勃勃，有声有色，既有进取，又有成效。"①

第一节　领导与变革的互动

领导活动的本质是通过推动和引导变革来促进各项事业的科学发展，并在变革中实现领导的价值。因此，在很大程度上可以说，领导与变革是互动共生的，变革需要领导，领导推动变革。

---

① 《习近平谈领导》，《领导文萃》1993 年创刊号。

❖ 一、从权变型领导到变革型领导

迄今为止，领导力理论主要经历了特质理论、行为理论、权变理论和变革理论等四个发展阶段。特质理论回答的是领导者是什么人的问题，行为理论回答的是领导者干什么事的问题，权变理论回答的是领导者如何干的问题，领导变革理论回答的则是究竟为什么干这个更根本的问题。

领导权变理论认为，不存在万能的领导方法和领导风格，不同的领导者面对不同的领导情境就会采用不同的领导艺术，甚至不同的领导者面对相同的领导情境也会采用不同的领导艺术。换言之，领导艺术没有唯一性。领导艺术是非规范化、非程序化和非模式化的，很难找到一个通用的公式去解释所有复杂的领导现象，也很难定量地预测领导活动的一切结果。

在领导环境比较稳定的情况下，权变型领导往往是可以适用的，是部分有效的。但是，一旦领导环境发生剧烈变化的时候，领导者如果只是对领导风格、组织结构、追随者这三个方面做些权宜之变，领导方式就很难奏效了。

与之形成鲜明对比的是，领导变革理论则主张更加主动的、积极的变革，在被迫变革之前就进行主动变革，是更加超前、更深层次的变革。领导和推动变革不仅要求领导干部具有相应的领导能力，而且要求领导干部具有足够的魅力和魄力；不仅要求领导方式进行转变，而且要求领导体制随之变革。总之，领导权变是被动的，领导变革则是主动的；领导权变是浅层的、局部的，领导变革则是深层的、全面的。更有甚者，领导权变是暂时的，而领导变革

则是持续的。正如习近平所说，中国的改革开放只有进行时，没有完成时。

✧ 二、从交易型领导到变革型领导

1978 年，美国领导力学者詹姆斯·麦格雷格·伯恩斯从领导者与追随者的关系性质出发提出了两种类型的领导：第一种类型是交易型领导，第二种类型是变革型领导。

交易型领导理论认为，人们之所以会服从领导者，是因为在领导活动中领导者和被领导者双方之间建立了一种交易关系，领导者为被领导者提供利益，被领导者向领导者提供服从，领导活动从而得以进行。

交易型领导的假设前提是人们都是理性的，会在领导活动中对自己行为所得到的回报与付出的成本之间进行权衡比较。如果服从的收益大于服从的成本就会选择服从，相反就会选择不服从。因此，交易型领导本质上是领导者与被领导者之间的一种交换和交易。交易型领导是典型的传统领导模式，其背后蕴含着一种功利的领导理念。

变革型领导理论则认为，领导活动不能仅仅局限于领导者和追随者之间的交易，领导者应该致力于在领导活动中提升双方的道德品质和能力素质，既改变和提升追随者的能力素质和精神面貌，领导者自己的思想境界和价值追求也得到改变和提升，这才是领导活动的根本意义所在。在当代中国，与交易型领导相比，变革型领导具有鲜明的道德判断标准，强调价值导向和以人为本，强调相互激励和共同进步，强调领导力的正向性和双向性，强调追求公平正义和中国梦的实现。

变革型领导实现了对交易型领导这种传统领导模式的超越，主要体现在以下三个方面。一是超越了交换的物质诱因，通过对干部群众的潜能开发，有效激励他们为群体目标和社会发展超越自我利益，实现更高远的目标。二是关注更为长期的目标，强调以发展的眼光看问题，鼓励干部群众超常发挥，最大程度地改变现状。变革型领导者重在自己率先行动，为实现长远目标给干部群众树立榜样，并创造积极变革的环境和氛围。三是激励和引导干部群众不仅为了自身的发展，更为了他人和社会的发展而承担更多的责任，作出更大的贡献。

✧ 三、变革型领导者的特质

变革离不开领导者的推动和领导。历史与现实的经验一再证明，变革型领导者往往与众不同，他们身上具备一些鲜明的品格特质。归纳起来，主要体现在以下五个方面：

一是信念坚定，追求卓越。变革型领导者的第一个特质是信念坚定，对所追求的目标有着强烈、持久和坚定的信念。毛泽东对中国实现民族独立、人民解放的信念矢志不渝，马丁·路德·金对美国黑人人权的坚定执着，给世人留下极其深刻的印象。他们都是典型的变革型领导者，具有崇高的理想、坚定的信念；追求卓越，义无反顾；目标明确，永不松懈。习近平在 2013 年全国组织部长会议上提出了五条好干部标准：信念坚定、为民服务、勤政务实、敢于担当、清正廉洁。信念坚定排在首位，突出了变革型领导者的首要标准。

　　二是全神贯注，全力以赴。2014年2月，习近平在俄罗斯索契接受俄罗斯媒体专访时说，我个人的时间都去哪儿了？当然是都被工作占去了。这给我们的最大启示是，推动改革一定要聚心聚神聚力，一心一意谋发展，聚精会神搞建设，集中自己的精力、能力和时间投入工作，对自己的信念和变革的目标要全神贯注、全力以赴。

　　三是高度自信，赢得公信。变革型领导者往往高度自信，领导干部只有对自己认定的目标高度自信，才能赢得干部群众的信任和认同，才能激发和坚定干部群众对改革目标的热情和信心，最终形成进行改革的共识。善于激励人心、共启愿景是变革型领导者的突出特质。

　　四是既有魅力，又有魄力。变革型领导者从来都是独具魅力的，他们的魅力来自坚定的信念、丰富的经历和鲜明的个性等多个方面。变革型领导者更具有责任意识和担当精神，不怕困难牺牲，愿意承担风险；敢于面对失败，并具有强烈的拼搏精神；推动改革开放，敢于啃硬骨头，敢于涉险滩。正如习近平所强调的那样，领导干部"在改革开放大潮中，富有'闯'的精神，敢于实验，敢于大胆地闯，敢于走出一条新路，干出新的事业。表现在工作中就是超前意识强，善于把握机遇，有独到的见解，有洞察形势、预测前景的敏感性；对工作敢想敢干，抓得准、紧、实，能够在艰难曲折的道路上取得卓越的工作实绩"①。

　　五是崇尚行动，实干兴邦。变革型领导者从来都不是空谈者，而只能是实干家。他们崇尚实干，带头实干，以实干的精神和行动

① 《习近平谈领导》，《领导文萃》1993年创刊号。

去一点点改变现状，去影响带动更多的人一起实干苦干，艰苦奋斗，攻坚克难，用行动夺取胜利。

领导干部要有推动改革的大智大勇，善于冲破固有利益的樊篱，勇于成为改革的行动派。一代人有一代人的责任。历史的接力棒传递到我们手里，我们就不能埋怨上一代，更不能把问题交给下一代，而要担当起该担当的责任，对历史负责，对当下负责，对人民群众负责，做应该做的事情，解决该解决的问题。

第二节　领导创新力的提升

领导和推动改革需要各级领导干部发挥创造性，提升创新力。提升学习力是领导创新的基础，推动人民群众创新是领导创新的目标，思维创新、方法创新、实践创新和制度创新是领导创新的具体路径。

◇　一、学习力是创新力提升的前提

创新力是党和国家事业不断发展的源泉动力。领导干部的创新力不是天生的，只能通过后天的学习才能得来。提升学习力是提升创新力的前提和基础。

领导力理论有一个著名的"127"法则，即 10% 的领导力是从书本学来的，20% 的领导力是从别人那里学来的，其余 70% 的领导力则是从自身的经历和实践中学来的。这个法则告诉我们，领导干部一要向书本学习，二要向身边的干部群众学习，三要向实践学

习。正如毛泽东当年所教导的"在游泳中学会游泳，在战争中学会战争"。

善学者智，善学者强，善学者胜。哪一个领导干部的学习力强，他的创新力也会随之增强。根据习近平的论述和要求，领导干部提升学习力要注意四个方面。

一要自觉学习。领导干部的学习水平在很大程度上决定着工作水平和领导水平。学习是领导干部坚定理想信念、加强党性修养、提升人格魅力和增强能力本领的一个重要途径。从根本上来说，领导干部学习还是不学习，不仅仅是自己的事情，本领大小也不仅仅是自己的事情，而是关乎党和国家事业发展的大事情，这也就是古人所说的"学者非必为仕，而仕者必为学"。领导干部只有加强学习，才能增强工作的科学性、预见性和主动性，才能使领导和决策体现时代性、把握规律性、富于创造性，避免陷入少知而迷、不知而盲、无知而乱的困境，才能克服本领不足、本领恐慌、本领落后的问题。好学才能上进，中国共产党人依靠学习走到今天，也必然要依靠学习走向未来，赢得未来。

二要善于学习。领导干部的学习不同于专业技术人员的学习，只有掌握了领导干部学习的特殊性，领导干部才能善于学习。从学习内容上来说，专业技术人员学习内容可以窄一点、专一点，领导干部的学习内容要尽可能全面，这是由领导工作的系统性和综合性决定的。因此，领导干部要学习书本知识，特别要重视学习中国特色社会主义理论体系，还要学习党史、国史、经济、政治、社会、科技、文化等方面的知识；同时还要学习传统治国理政的丰富经验，学习世界各国的有益经验，学习共产党领导中国革命、建设和改革的实践经验。

从学习方法上来说，专业技术人员的学习要"钻进去"。"钻进去"重在把书"由薄读厚"，聚焦专的知识和窄的知识，不断深化、不断拓展，重在解释现象。领导干部的学习不仅要"钻进去"，更要"钻出来"。"钻出来"重在把书"由厚读薄"，从大部分的书里提炼出观点和智慧，与实际工作有机结合起来。领导干部要通过学习来调整自己的知识结构，要多一点常识、多一点通识、多一点见识、多一点胆识。

三要学以致用。学习的目的全在于运用。因此，领导干部要把研究和解决重大现实问题作为学习的根本出发点，使认认真真学习成为理论联系实际、学以致用，不断提高工作原则性、系统性、预见性和创造性的过程，切实提高自身领导力，重在解决实际问题。

领导干部学以致用要注意三个方面：首先，要勇于实践，把知识转化为智慧和能力，转化为修养和素质，真正做到学以致用；其次，要善于运用智慧和能力改造客观世界，解决工作中的实际问题；最后，要乐于运用知识改造主观世界，提高自己和干部群众的道德素质和内在修养。因此，领导干部的学习，要吃透上头的、摸清下头的、了解外头的、形成自己的、变为群众的、见到实际的。

四要形成制度。从根本上来说，干部学习要形成制度。要进一步健全和完善领导干部向书本学习、向群众学习、向实践学习的学习制度，注重用制度来激励和督促领导干部重视学习、主动学习。要大力营造和形成重视学习、崇尚学习、坚持学习的浓厚氛围，牢固确立领导干部全员学习和终身学习的理念和习惯，提升领导干部的学习力和创新力。

✧ 二、重在推动人民群众创新

2014 年 6 月 9 日，习近平在中国科学院第十七次院士大会和中国工程院第十二次院士大会开幕会上的讲话中强调：我国实施创新驱动发展战略，"最紧迫的是要破除体制机制障碍，最大限度解放和激发科技作为第一生产力所蕴藏的巨大潜能"。习近平讲话强调了国家创新的关键就是破除创新的体制机制障碍，促进科技人员创新，进一步促进人民群众创新。

"人民，只有人民才是创造历史的真正主人。"这是马克思主义唯物史观的精髓所在。领导创新的本质并非仅仅是领导干部自己去创新，而是创造有利于人民群众创新的体制和机制，创造有利于人民群众创新的环境和条件，并能带领和激励人民群众去创新。换句话说，领导创新重在推动人民群众创新，让每个人都参与创新。

"一花独放不是春，万紫千红春满园。"领导创新要激发全体人民的积极性、主动性和创造性，为每个人的全面发展提供有利条件和合适环境。换言之，提升领导创新力的根本目标是提升人民群众的创新力。

领导干部的角色应该是教练员而非运动员，因此，作为教练员的领导干部首先要相信人民群众的创新力，相信他们的智慧和力量，相信他们有能力克服前进道路上的一切障碍，有能力创造财富、创造价值。领导干部的角色是与人民群众一起共同确定目标，制订计划，确定改革的时间表、路线图和任务书，最终推动人民群众开发潜能，锐意进取，进行创新。

推动人民群众创新，领导干部要树立简约领导观，减少对人民群众的管理和控制，增加对人民群众的激励和引导。过多的管理和控制往往限制人民群众的自主性和创造性，压抑他们的热情和潜能。树立简约领导观要求领导干部相信群众创新，依靠群众创新，服务群众创新，并支持群众创新。

推动人民群众创新，就要改变行政审批和行政命令为主的领导方式，最大限度地简政放权，运用服务为主和协商为主的领导方式。具体来说，就是要尽量减少不必要的控制和管理，减少没完没了的会议，减少不必要的检查和评比，多一些授权和服务，多一些沟通和协商，从而把个人的、基层的、社会的和企业的活力最大程度地释放出来，最终实现让一切劳动、知识、技术、管理、资本的活力竞相迸发，让一切创造社会财富的源泉充分涌流。

✧ 三、领导创新力的提升路径

习近平 2009 年 3 月在中央党校春季开学典礼上强调，领导干部要"提高开拓创新的能力，善于根据事物发展的客观规律推动思维创新、方法创新、实践创新、制度创新，创造性地开展工作"。这里，习近平实际上指明了领导创新力的具体路径。

一要思维创新。思维创新是领导干部在开展工作中，运用掌握的知识、经验和智慧，通过分析、比较、综合和想象，突破常规思维，创造新思想和新观点的一种思维方式。与创新思维相对应的是常规思维，这类思维的实质是直线思维，也称线性思维。比如，"房价涨就限房价""打车难就涨车费""交通堵就多修路、就限购"等都属于直线思维。这种单向思维已越来越不适应今天复杂的领导工作。事物发展不是一因一果，而是一因多果、一果多因，甚至多因多果。领导干部需要多向思维和系统思维。

　　思维创新需要想象力，需要打开思维的空间，不要给思维定框划界。领导干部既要善于正向思维，又要学会逆向思维；既要能够聚合思维，又要能够发散思维。同时，又要善于借助外脑甚至外行来创新思维。过去常说"内行看门道，外行看热闹"，实际上，外行看热闹有时候也能够创新，因为外行的思维不受既有规则的限制，更容易从新角度发现新问题，提出新思路。

　　二要方法创新。"工欲善其事，必先利其器。"领导方法是决定领导工作绩效的"金手杖"。我们的任务是过河，要过河就要解决桥的问题，解决船的问题，领导干部掌握了合适的领导方法，领导工作的开展就会事半功倍。因此，提升创新力需要方法创新，需要领导干部一切从实际出发，实事求是，与时俱进，开拓创新，在没有桥又造不了船的时候，要学会打隧道过河、绕道过河甚至是摸着石头过河。总之，硬方法不行就用软方法，旧方法不行就用新方法。比如，同是做群众工作，过去，我们主要强调领导干部要下基层和群众"面对面"。但在当今网络信息时代，做年轻人的思想工作，就不仅要"面对面"，还要"键对键"，不仅要下访说家常话，更要上网使用"网言网语"，善于借助网络做群众工作。

　　方法创新不仅要坚持问题导向，而且要关注目的，要基于问题产生的原因和解决问题要实现的目的探索各种方法。同样是过河的问题，一方面我们要考虑用什么方法过河，是架桥、造船还是用其他办法；另一方面还要进一步思考为什么要过河这个根本问题，如果不过河也能实现过河的目的，那就没有必要考虑架桥还是造船等方法问题了。

三要实践创新。领导干部要在思维创新和方法创新的基础上，善于结合本地区和本部门的实际进行实践创新。实践创新就是要不断打破固有的思维定式和条条框框，善于用新的视角看问题，用新的思路谋发展，用新的机制和办法解决问题，以实践创新攻坚克难，以实践创新赢得先机。

习近平在福建宁德工作时，面对当时闽东地区落后面貌和群众脱贫致富的期盼，对党的群众路线工作方法进行了实践创新，提出了领导干部"信访接待下基层、现场办公下基层、调查研究下基层、宣传党的方针政策下基层"等四下基层的工作方法和工作制度。四下基层源于实践又指导实践，是对我们党坚持群众路线这一优良传统的继承和创新。实践证明，四下基层的实践创新是了解民情、科学决策的关键环节，是化解矛盾、促进和谐的重要渠道，是落实工作、为民办事的有力抓手，是固本强基、锤炼干部的有效手段。

四要制度创新。制度创新是在实践创新的基础上，总结成功经验并进一步上升为制度，通过制度创新为实践创新提供动力支持。因此，领导创新重在制度创新。制度创新旨在破解体制机制弊端，激发群众创新活力。制度创新是从根本上破解体制机制弊端的不二法门，一定的制度总是与特定的环境和任务相匹配的，环境和任务变了，原来能够促进我们事业发展的制度现在就可能成为阻碍我们事业发展的制度，原先充满活力的制度现在就可能变得僵化，不再适应当前环境和任务的需求。这就需要在法律允许的范围内以极大的政治勇气，突破旧有制度的束缚，于法有据地推动改革创新。

第三节　推动改革的领导艺术

提升领导创新力重在掌握推动和领导改革的领导艺术。推动和领导改革必须树立权威赢得认同，获得广大干部和人民群众的信任与支持；必须千方百计地增加动力，减少阻力，寻求最大公约数和最大共识度；必须切实处理好继承与创新的关系。

◇　一、"徙木立信"与树立权威

2014 年全国两会期间，习近平在参加上海代表团审议时，针对大家有希望也有担心的情况提出：要把八项规定继续抓好，起到"徙木立信"的作用。这件事情要牢牢抓住，善作善成，才能做其他的事情。这里，习近平借"徙木立信"的故事展现了他推动和领导改革的坚定信心和高超的领导艺术。

战国时期，商鞅变法的具体措施都已经准备就绪，但他并没有立即公布。因为他担心百姓不相信也不服从自己，于是就在国都集市的南门外竖起一根三丈高的木头，并告诉大家，有谁能把这根木头搬到集市北门，马上就赏他十金。老百姓都认为这不可信，天底下哪有这样的好事，搬个木头就能得到十金，所以根本没有人来搬。商鞅一看没人搬，就把赏金由十金提高到五十金。这时，有个人抱着试试看的态度，轻而易举地把这根木头搬到了集市北门，商鞅马上赏了他五十金。由此，老百姓都相信商鞅是一个说到做到的人，对他随后颁布的变法措施就有了信任。于是，商鞅变法的举措开始在全国较为顺利地推行。

　　商鞅通过"徙木立信"这个举措，树立了秦国变法的权威，在变法的推行者和老百姓之间建立了信任。实际上，变革最难的就是老百姓对领导者的信任问题。商鞅通过"徙木立信"使全国的老百姓对变法有了明确的预期，只要按照商鞅的要求去做，就一定会得到他所承诺的奖励结果。这个变法初期的"徙木立信"之举，就是商鞅变法得以顺利推行的一个重要原因。

　　党中央颁布的八项规定已经极大超越了"徙木立信"的象征意义。习近平提及这个典故的目的是让每一个人都坚信新一届中央领导班子是锐意改革的领导集体，是务必取得改革成效的领导集体。当前，取信于民的一个重要举措就是八项规定的贯彻落实，所以习近平强调要牢牢抓住，善作善成，然后才能做其他事情。通过八项规定的落实来树立中央的权威，赢得人民群众的信任，切实提高全面深化改革的公信力。

　　国家行政学院中国领导科学研究中心"领导力发展"课题组实证研究的结果表明，信誉是一切领导活动的基础，信誉是所有领导力的基石和支点。中国共产党成立90多年来之所以能领导全国人民取得革命、建设、改革事业的伟大胜利，就是因为始终能赢得广大人民群众的信任。该研究还表明，领导权威本质上不是自封的，而是由追随者认同的。没有追随者的认同就没有领导者的信誉和权威。

◇　二、减少阻力与增强动力

　　改革的实质是对利益分配格局和利益分配规则的调整，必然会导致既得利益群体的反对和抵制。推动和领导改革往往面临着来自

"左"和右两方面的阻力，必须"两线作战"，同时面对保守力量和激进力量的责难和反对。所以，推动和领导改革既要有智慧，又要有勇气，要处理好以下四个关系。

一要处理好动力和阻力的关系。推动和领导改革的艺术就是正确处理好"三力"的关系，即尽量地减少改革的阻力，增加改革的动力，形成改革的合力。领导者在确定改革方向后首先要明确谁支持改革，谁反对改革；谁真正掌握权力，谁实际控制舆论；还要关注改革过程中有可能遇到哪些阻力，这些阻力来自何方；为了克服这些阻力，需要做哪些努力；关键是能够将改革的观望者和反对者转变为支持者，最大程度壮大支持改革的力量。"上下同欲者胜"。领导干部和广大群众对改革的认同和共识至关重要。

二要处理好激励与凝聚的关系。增加改革的动力重在激励，要给改革的支持者和参与者权利和福利，给他们荣誉和信任。要激励那些有胆有识而不是畏手畏脚的人，激励那些富有创造性而不是因循守旧的人，激励那些实干苦干而不是只会空谈的人，激励那些取得人民群众满意的政绩而不是 GDP 至上的人。在激励的同时，还要善于凝聚力量。一切改革都要于法有据，推动和领导改革要善于法治引领，要坚持法治思维，要善用法治方式。同时，又要特别重视道路自信、理论自信、制度自信和文化自信，要用社会主义核心价值观来凝聚人心。领导干部既要能够通过法律和纪律等硬约束来形成改革的合力，又要善于运用理想信念、道德作风和社会主义核心价值观等软约束来凝聚改革的正能量。

三要处理好"蹄疾"和"步稳"的关系。通常，改革需要稳扎稳打，从容易处着手，"摸着石头过河"，进行渐进式改革，进行增量改革，积累经验，赢得支持，积小胜为大胜，力求"步稳"。要通过小胜赢得干部群众的信心，坚定他们推动改革的决心，鼓舞他们推动改革的勇气。否则，没有小胜，多数人就很可能看不到希望，看不到变化，就可能停下改革的脚步，甚至反对改革。处理好"蹄疾"和"步稳"的关系既要做到迈小步、不停步，又要关键时刻迈快步迈大步。要掌握改革的节奏，把握改革的时机，善于借助重大时机进行存量改革，进行"激进式"改革，推动更深层次的改革，解决更难更大的问题，最后积小胜为大胜，积跬步至千里。

◆◆ 知识链接 ◇

约翰·科特：领导变革的过程

领导变革需要循序渐进，从组织动员、构建团队到共建愿景、宣传愿景，制定战略阶段，从破除改革障碍、不断取得阶段性成果到把变革融入组织文化，使其持续下去。改革要有条不紊，每一步都是为下一个步骤奠定坚实的基础，变革要循序渐进，欲速则不达。

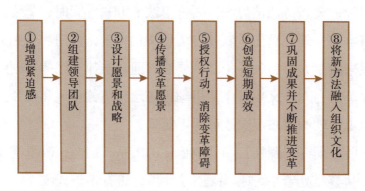

①增强紧迫感 → ②组建领导团队 → ③设计愿景和战略 → ④传播变革愿景 → ⑤授权行动，消除变革障碍 → ⑥创造短期成效 → ⑦巩固成果并不断推进变革 → ⑧将新方法融入组织文化

　　四要处理好整体推进与重点突破的关系。改革是一个系统工程，涉及方方面面，因此，改革需要整体推进，这样才能统筹协调，把握改革大局。但改革又不能齐头并进，平均用力，在整体推进的同时要重点突破，这样才能以点带面，激发改革动力。整体推进要求每一项改革既要考虑局部的具体情况，更要从大局出发，从全局来谋划，服从大局，顺势而为，从而减少阻力，增加动力。重点突破则要选择好突破口和切入点，选择好时机啃掉硬骨头，没有重点突破，就难以撬动改革进程。处理好整体推进和重点突破的关系要求领导干部要统筹大局，善于抓主要矛盾和矛盾的主要方面，注重抓改革的关键环节和重点领域进行重点突破，从而"牵一发而动全身"，推动全面深化改革。整体推进需要顶层设计，确定改革的时间表、路线图和任务书；重点突破需要基层探索，发现啃硬骨头的方法，扎扎实实推动改革取得实效。

◇　三、处理好继承与创新的关系

　　习近平早在福建工作时就明确指出：领导干部"不应当否定或抛弃前任所取得的成就，而应当虚心向老同志学习，不断充实提高自己，并在此基础上继续发展，在继承中创新。在创新中把改革开放和经济建设推向新的阶段，在创新中增强自身的领导才干。只有这样，才能保持领导工作的连续性和稳定性。"① 因此，处理好继承与创新的关系是高超的政治智慧，也是很实用的推动改革的领导艺术。

----

① 《习近平谈领导》，《领导文萃》1993 年创刊号。

处理好继承与创新的关系就要坚持解放思想与实事求是的有机统一。一切从基本国情出发，从具体实际出发，从人民的利益出发。处理好继承与创新的关系就是推动改革要遵循事物发展的内在规律，保证改革的正确方向。领导干部要坚持历史的继承性，要尊重历史、尊重前任、尊重老干部，尤其不能否定和抛弃前任所取得的成就，不能一切工作都推倒重来，要做到"新官要理旧账"。比如，就城市规划工作来说，很多时候是"市长换届、规划就换届"，不坚持对历史的继承，不但带来资源浪费、重复建设、反复折腾，而且导致市场和社会对政府、对政策都没有稳定的预期，就会引起经济社会发展的波动甚至下滑。

领导干部应当在继承的基础上有所创新、有所突破、有所发展，坚持稳中求进、稳中有为、稳中求好，不断改革创新，在创新中把经济社会建设推向新的阶段。"苟日新，日日新，又日新。"创新就是要求领导干部要牢固树立进取意识，做到改革不停步、开放不止步、永远追求卓越。从根本上来说，创新精神和进取意识是精神力量之源。对一个地区、一个部门来说，能不能有大发展，只要看看这个地区、这个部门的人是否有进取意识就能判断出来，其中，关键是领导班子和广大干部群众有没有锐意进取的意识。

处理好继承和创新的关系，既要有底线思维意识，又要有开拓创新意识，就是处理好"胆子要大"与"步子要稳"的关系。一方面，巩固过去取得的成绩和向好的发展态势，促进经济社会大局稳定，为全面深化改革创造条件。同时，要积极推动全面深化改革，要把握大局、扎实推进，战略上要勇于进取，战术上则要稳扎稳打，坚持问题导向，勇于突破创新，以改革促发展。处理好继承和创新的关系，既要防止继承不够，又要防止创新不足。因此，领导干部务必把继承和创新有机结合起来推动变革，做到"蹄疾步稳"。"步稳"需要继承，"蹄疾"有赖创新，只有"步稳"才能"蹄疾"，只有继承才有创新。

▌本章小结 ▌············

　　领导权变是被动的、局部的，而且是暂时的；领导变革是主动的、全局的，更是持续的。领导与变革是互动的，变革需要领导，领导推动变革。变革型领导的根本是创造价值，为人民群众创造福祉，领导创新有两个重点：一是造就"新人"，二是创造"新世界"。变革型领导者的特质是：信念坚定，追求卓越；全神贯注，全力以赴；高度自信，赢得公信；既有魅力，又有魄力；崇尚行动，实干兴邦。全面深化改革，亟待领导创新力的提升。领导干部的学习力是创新力的前提和基础，领导创新旨在推动人民群众进行创新，领导创新重在思维创新和方法创新，重在实践创新和制度创新。推动和领导改革一要树立权威赢得认同，获得群众的信任和支持；二要尽可能减少改革的阻力，增加改革的动力，凝聚改革的合力；三要切实处理好继承和创新的关系。

重要术语解释

　　交易型领导：美国领导力学者詹姆斯·麦格雷格·伯恩斯认为，在交易型领导中，领导者和被领导者之间实质是一种交易关系，领导者通过向被领导者提供各种收入福利等来获得他们对领导活动的服从，简单来说，领导者为被领导者提供利益，被领导者向领导者提供服从。

　　变革型领导：詹姆斯·麦格雷格·伯恩斯认为，在变革型领导中，领导活动不能仅仅限于领导者和追随者之间的利益交换，而应该致力于提升双方的道德品质和思想境界。在改变和提升追随者精神面貌的同时，领导者自己的思想境界也得到改变和提升，这才是领导活动的根本价值。与交易型领导相比，变革型领导具有鲜明的道德判断标准，强调领导力的正向性和双向性。

✎ 思 考 题

1. 变革型领导者应具备哪些能力素质？

2. 结合工作，谈谈如何减少改革的阻力、增加改革的动力。

3. 如何处理好继承与创新的关系？

后　记

　　完善和发展中国特色社会主义制度，推进国家治理体系和治理能力现代化，是全面深化改革的总目标。我们的国家治理体系和治理能力总体上是好的，但还有许多亟待改进的地方。对各级干部来说，治理能力的重点就是领导力，领导力的实际运用就是领导艺术。为帮助广大干部更好适应全面深化改革开放、全面推进依法治国的新形势和新要求，提高战略思维能力、领导科学发展能力、决策力、执行力、突发事件的应对能力、沟通艺术、语言艺术、说服艺术等，中央组织部组织编写了本书。

　　本书由国家行政学院牵头，中国浦东干部学院、北京师范大学、国防大学共同编写，全国干部培训教材编审指导委员会审定。陈宝生任本书主编，杨克勤、毕京京、刘川生、刘峰任副主编。本书调研、写作和修改工作主要人员有：刘峰、胡冶岩、胡月星、孙晓莉、欧建平、于巧华、张素玲、路杰、李拓、邱霈恩、李永瑞、刘志伟、雷强、张国玉、王彩平。参加本书审读的人员有：范红、刘玉瑛、金盛华。在编写出版过程中，中央组织部干部教育局负责组织协调工作，人民出版社、党建读物出版社等单位给予了大力支持。在此，谨对所有给予本书帮助支持的单位和同志表示衷心感谢。

　　由于水平有限，书中难免有疏漏和错误之处，敬请广大读者对本书提出宝贵意见。

编　者

2015 年 1 月

全国干部培训教材编审指导委员会

《领导力与领导艺术》

主　编：陈宝生

副主编：杨克勤　毕京京　刘川生　刘　峰

责任编辑：刘海湘
封面设计：石笑梦
版式设计：周方亚
责任校对：钱玲娣

图书在版编目（CIP）数据

领导力与领导艺术 / 全国干部培训教材编审指导委员会组织编写 .
　 -- 北京：党建读物出版社：人民出版社，2015.2
全国干部学习培训教材
ISBN 978 - 7 - 5099 - 0561 - 6
I. ①领…　 II. ①全…　 III. ①领导学 - 干部培训 - 教材②领导艺术 -
　 干部培训 - 教材　 IV. ① C933

中国版本图书馆 CIP 数据核字（2014）第 221409 号

领导力与领导艺术
LINGDAOLI YU LINGDAO YISHU

全国干部培训教材编审指导委员会组织编写

主　 编：陈宝生

党建读物出版社
人民出版社 出版发行

北京新华印刷有限公司印刷　 新华书店经销
2015 年 2 月第 1 版　 2015 年 2 月第 1 次印刷
开本：710 毫米 × 1000 毫米　 1/16　 印张：11.5
字数：128 千字　 印数：1 - 300000 册

ISBN 978 - 7 - 5099 - 0561 - 6　 定价：30.00 元

邮购地址 100706　 北京市东城区隆福寺街 99 号
人民东方图书销售中心　 电话（010）65250042　 65289539

本书如有印装错误，可随时更换　 电话：（010）58587660